SVEN BÖTTCHER

Quintessenzen

SVEN BÖTTCHER

Quintessenzen

Überlebenskunst
für Anfänger

LUDWIG

MIX
Papier aus verantwortungsvollen Quellen
FSC® C014889
FSC
www.fsc.org

Verlagsgruppe Random House FSC® N001967
Das für dieses Buch verwendete
FSC®-zertifizierte Papier *EOS*
liefert Salzer Papier, St. Pölten, Austria.

http://www.ludwig-verlag.de
Umschlaggestaltung: Eisele Grafik-Design, München
Umschlagillustration: Cross One
Satz: Leingärtner, Nabburg
Druck und Bindung: Pustet, Regensburg
Printed in Germany 2013

ISBN: 978-3-453-28046-5

2011 Für Lisa (1993)
2018 Für Emma (2000)
2020 Für Katharina (2002)

Inhalt

Vorwort

Vorwort

Gibt es überhaupt Autoren, die für viele Menschen schreiben? Selbstredend gibt es Autoren, die von vielen Menschen *gelesen werden,* aber heißt das auch, dass sie für viele Menschen *schreiben?* Denken Autoren in dem Moment, in dem sie sich zurückziehen und im Wortsinn exklusiv zu schreiben beginnen, an ihre Leser? Plural? Mehrere? Alle? Wohl kaum. Gut, es gibt sicher welche, die insgeheim Redner sind oder Popstars, mit Bühnen unter den Füßen und Menschenmassen vor sich, aber in der Regel machen wir das doch nicht für gesichtslose Massen im Halbdunkel – sondern als Einzelanfertigung. Von einem, mir, für einen. Oder eine. Meist kennen wir sogar seinen oder ihren Namen. Des Menschen, dessen Herz wir mit unserer Geschichte erreichen wollen, den wir unterhalten wollen, amüsieren oder bewegen, oder dem wir etwas vermitteln, worüber er oder sie auch tatsächlich etwas erfahren will. Und schreibend gehe ich davon aus, dass dieser eine Leser im Moment des Lesens meiner Gedanken ebenso konzentriert ist wie ich im Moment der Niederschrift. So sind Leser und Autor, Autor und Leser, allein und doch zu zweit, unter sich und miteinander, exklusiv verbunden – und das erstaunlicherweise sogar in jenem Ausnahmezustand, in dem der Schreibende 10 oder 1 000 Menschen gleichzeitig seine Gedanken vorliest. Schreiben und Lesen sind keine Events. Geschrieben wird exklusiv, gelesen auch.

Erst nachdem ich das begriffen hatte, wusste ich, dass dieses Buch, das Sie jetzt in den Händen halten, tatsächlich gedruckt werden kann – in einer höheren Auflage als der ursprünglich vorgesehenen von drei Exemplaren. Obwohl es ja tatsächlich exklusiv nur für einen einzelnen Menschen geschrieben worden war, beziehungsweise für einen einzelnen Menschen mal drei, nämlich meine drei Töchter. Die es weder *gemeinsam* lesen sollten noch einander vorlesen, sondern gelegentlich, bei Interesse und/oder Bedarf, allein. Ich brauchte tatsächlich eine ganze Weile bis zur Einsicht, dass es *immer* nur einen Leser dieses Buches geben würde, ganz gleich, ob nun nur dreimal oder viermal oder n-mal.

Die eigentliche Entstehungsgeschichte der *Quintessenzen* ist rasch erzählt: Ende 2007 hatte ich Lisa, meiner ältesten, damals 14-jährigen Tochter versprochen, in gebotener Kürze noch alles Wesentliche über das Leben, das Universum und den ganzen Rest aufzuschreiben, für sie und ihre jüngeren Schwestern. Für alle Fälle, vor allem für den Fall, dass ich in allen noch kommenden entscheidenden Momenten ihres Lebens unentschuldigt fehlen würde. Die Aussicht fanden wir beide unaussprechlich, konnten aber dennoch die Augen nicht vor der unerfreulichen Tatsache verschließen, dass man mir gerade auf dem Notfallkrankenhausbett vermittelt hatte, mit etwas Pech werde mein nächster Multiple-Sklerose-Schub mein letzter sein. Die Prognose war nicht sonderlich gewagt. Ich hatte vorher zwei Jahre lang alle paar Monate einen von diesen ominösen Schüben gehabt, hatte, meist doppelt sehend, kaum mehr aus der Horizontalen gefunden. Ich war längst in gesundheitlicher wie materieller Hinsicht ruiniert und nun wegen eines massiven neuen Entzündungsherdes auf Höhe des zweiten Halswirbels gelähmt an Händen, Füßen und Beinen sowie einigen nicht unwichtigen inneren Organen. Erwischte der unweigerlich bevorstehende nächste MS-Schub jene Nervenverbindungen, mittels derer mein Gehirn Herz- und Lungenfunktion steuerte, hatte ich wirklich lausige Karten. In diesem Wissen um die wahrscheinlich sehr begrenzte mir noch verbleibende Zeit beschloss ich, nebenwirkungsreiche Therapieversuche einzustellen und stattdessen noch ein paar wesentliche Kleinigkeiten zu ordnen und zu erledigen, vor allem die *Quintessenzen*. Sowie trotz des Totalverlustes an Perspektiven und sämtlichem materiellen Gedöns seelenruhig zu bleiben und ansonsten alles zu ändern, was zu ändern in meiner Macht stand, um wider ärztliches Erwarten gesund oder wenigstens wieder etwas gesünder zu werden. Auf den gut gemeinten chemotherapeutischen Rat der Fachleute konnte ich dabei nicht hören, wohl aber auf meine innere Stimme. Was sich, am Rande bemerkt, als richtig erwies, jedenfalls bis heute, denn auf dem von mir gewählten eigenen Weg sind mir gegen alle Wetten weitere schwere oder gar fatale Schübe erspart geblieben, bis heute, fünf Jahre nach der eindeutigen, aber eindeutig falschen Prognose.

Ende 2008 waren die *Quintessenzen* dann in erster brauchbarer Fassung fertig und so konnte ich tatsächlich immer wieder und weiter gründlich am Einzelstück arbeiten und herumfeilen und das Ergebnis im Mai 2011 überreichen, manuell in Leinen gebunden und rechtzeitig zu Lisas achtzehntem Geburtstag. Womit (nicht nur) diesbezüglich im Grunde alles gesagt und getan war.

Allerdings hatten sich auf dem mehrjährigen Weg vom Versprechen zum fertigen Buch ein paar Verpflichtungen ergeben, denn ich hatte von Anfang an meine Texte auf einer zunächst vollständig privaten Webseite ins Netz gestellt und meinen Vertrautenkreis gebeten, mir ergänzend, korrigierend und kritisierend beizustehen, was etliche dieser Freundinnen und Freunde dann auch taten. Weshalb ich 2011 deren freundliche Bitten um jeweils ein *eigenes* Exemplar schlechterdings nicht zurückweisen konnte. Und eigentlich auch nicht die geäußerten Bitten um Zweitexemplare zum Weitergeben an Freundesfreunde oder deren gerade volljährig gewordene Kinder. Was dann allerdings bedeutet hätte, dass ich circa zehn Pakete elfenbeinfarbenes Papier, 50 Leineneinbände und mindestens zwei neue Tonerkartuschen benötigt hätte. Sowie reichlich Nerven, denn das beidseitige Bedrucken geht bei meinem Drucker gewohnheitsmäßig schief, außerdem wellt sich das Papier wegen der Hitzeentwicklung, was dann im Leinenverbund nicht schön aussieht – und es kostet Zeit. Wovon ich zu wenig habe, ebenso wie Nerven, von letzteren sogar qua Attest.

Weshalb ich Ende 2011, nach der banalen Erkenntnis von oben (dass ich das Werk durch Vervielfältigung nicht wertmindere oder zerstöre) statt zwanzig zunächst bloß vier zusätzliche Exemplare produzierte und an vier Verlage schickte, die in der Vergangenheit bereits das eine oder andere Buch von mir veröffentlicht hatten. Mit der Frage, ob sie mir die Druckerei abnehmen könnten – sofern sie den Inhalt des Buches für vorzeigenswert hielten. Alle vier hielten ihn für vorzeigenswert, einer sogar für schön, wichtig und ökonomisch vertretbar. Was mich freute. Und immer noch freut. Und wenn ich Glück habe, bleibe ich mit dieser Freude nicht allein.

In Lisas Exemplar, dem ersten, stand ein anderes Vorwort. Eines, das nun wirklich nicht teilbar ist, jedenfalls nicht ganz. Vier kurze Absätze daraus aber konnte ich nicht umformulieren und will sie auch nicht ersatzlos weglassen. Weshalb sie den Abschluss dieser Einleitung bilden sollen, inklusive des gelegentlichen »Du«, an dem Sie sich bitte weder hier noch im weiteren Verlauf stören. Sollten Sie es für despektierlich halten, weil wir zwei uns doch gar nicht kennen, lesen Sie es bitte als »Sie«, denn es ist so oder so respektvoll gemeint, jederzeit.

»Eine *Quintessenz* gestatte mir vorneweg. Es fehlen auf den folgenden Seiten fast alle knackigen Sinnsprüche im Stile von ›Sei dir selbst treu‹, ›Höre auf deine innere Stimme‹ und ›Alles wird gut, wenn du weißt, was du willst und weißt, wen du darum bitten musst‹. Der Wohlklang solcher Sinnsprüche ist wertlos, solange wir nicht wissen, was oder wer das ›Ich, Dir, Dich, Selbst‹ im Kern all dieser Aussagen überhaupt ist. Deshalb hat vor allem anderen zu stehen unser Bemühen um Selbsterkenntnis oder wenigstens Annäherung an die Antwort auf die Frage ›Wer ist das, ich, oder: Wer soll das sein?‹

Natürlich haben die Spitzfindigen doppelt recht: a) sind wir nur dann ganz frei, wenn wir uns ganz kennen, b) kennen wir uns *nie* ganz, denn wir sind und bleiben gefangen in unserer eigenen Biographie. Wohl aber sind wir frei, uns diesem ›Ich‹ zu nähern und je unerschrockener wir diese Reise antreten, desto besser.

Ideale Abflughäfen sind immer Zäsurpunkte wie der, an dem du dich gerade befindest, da du die Schule verlässt, dich auf Neuland zubewegst, auf neue Menschen, neue Ideen, neue Aufgaben, ein neues Umfeld, denn dort kennt niemand das ›Ich‹, das du mit dir trägst, und es wird überhaupt niemandem auffallen, solltest du dich ›neu erzählen‹ und jene Teile dieses ›Ich‹ zurücklassen, die du unbewusst oder bewusst ohnehin als fragwürdig, störend oder hinderlich empfandest. Mit dem Wegfall des vertrauten Umfeldes fallen nun nämlich auch haufenweise nie ausgesprochene Erwartungen weg, fremde wie eigene, und diese Chance solltest du nutzen. Zwar haben wir auch später im Leben immer wieder Gelegenheit, ganz neu anzufangen, aber oft sind die Umstände weniger erfreulich als jetzt, drum wohnt dem endgültigen, qua *School's out!* prima zu bejubelnden Übergang aus Kindheit und Jugend zum Erwachsenenleben im Besonderen der vom alten Hesse beschworene Zauber inne.

Deshalb diese paar hoffentlich hilfreichen Anmerkungen zu diesem, jenem und dem ganzen Rest, verbunden mit einem Wunsch: Möge Licht auf all deine Wege scheinen, dein ganzes Leben lang, das du im sicheren Wissen lebst, aufgehoben zu sein im wunderbaren Kosmos und unter den schützenden Schwingen der Götter (ganz gleich, welche Namen du ihnen gibst).«

Glück
Zeit

SINN
SEI UNNATÜRLICH
TOD

Der Sinn des Lebens

Stellen wir uns einen Irren vor. Einen Irren, der sicher ist, dass er kraft seines allmorgendlichen Rituals (Aufstehen um vier, ein rohes Ei an der eigenen Stirn zerschlagen, den Blick fest nach Osten gerichtet) die Menschheit rettet, jeden Tag wieder, weil nämlich allein sein Ritual die Sonne aufgehen lässt. Verschliefe er, ginge die Welt unter.

Dieser Irre ist ein glücklicher Mensch. Er trägt gern Verantwortung. Gut, manchmal möchte er ausschlafen, aber das bedeutet ihm nicht die Welt. Und er macht kein großes Gewese aus seiner Bedeutung. Seine Pfleger wissen nicht, wie wichtig er ist. Was macht das schon? In ihren Augen zerschlägt sich bloß allmorgendlich ein Irrer ein Ei am Kopf. Aber er weiß es besser. Das Glück der Menschen ist sein Werk, alles Glück, jedes Lachen ist sein Lohn. Dieser Mensch ist ein sehr zufriedener Irrer.

Wir sind dieser Irre.

Es gibt keinen naturgegebenen »Sinn des Lebens«, schon gar keinen, den wir herausfinden könnten. Unser Leben hat so viel Bedeutung, so viel Sinn, wie wir ihm zuweisen. Und das kann atemberaubend viel sein. Nichts kann dich daran hindern, Königin der Welt zu sein. Die einzige Welt ist die, die du dir machst, und deiner Vorstellung sind keinerlei Grenzen gesetzt.

Ob du deswegen glauben musst, allein deinetwegen ginge jeden Morgen die Sonne auf? Warum nicht? Aber es geht vielleicht auch eine Nummer kleiner.

Du wirst zu Recht einwenden, es wäre doch – wenn schon – netter, glaubten auch wenigstens ein paar andere, dass du die Sonnenerweckerin bist, die Königin, eine tolle Pianistin oder die beste Mutter der Welt. Recht hast du, das ist netter. Nimm es als Zugabe.

Aber deine Welt, dein Glück und deine Bedeutung, der Sinn deines Lebens, hängen nicht an der Wahrnehmung anderer und schon gar nicht an deren Applaus. Du allein entscheidest, wie viel Sinn dein Leben hat.

Das eine Glück

Sprache formt Gedanken. Du kannst möglicherweise fühlen, aber nicht denken, wofür du keine Begriffe, keine Worte hast (→ ELEMENTARES WEGDENKEN). Diesbezüglich haben wir es mit unserer differenzierten Muttersprache wirklich gut getroffen, aber beim Begriff »Glück« versagt sie eigenartigerweise fast vollständig. Die Engländer sind *lucky, happy* und *fortunate,* die Franzosen sind *heureux* und kennen sowohl *bonne chance* als auch *bonheur,* wenn sie nicht gerade ebenfalls *fortune* haben. Was die Eskimos sind, weiß ich nicht, aber da sie für verschiedene Schneearten und -zustände angeblich haufenweise Begriffe haben, kennen sie vielleicht auch fünf für die grundverschiedenen Glücke.

Wir hingegen sind glücklich, haben Glück oder noch mal Glück gehabt und schießen glückliche Tore. In dieser sprachlichen Schwäche dürfte begründet liegen, dass wir Deutschen nie so ganz glücklich sind, denn das Wort verlangt viel zu viel von uns.

Sparen wir uns daher circa fünf Bibliotheken mit Glücksformeln und einigen wir uns beim Glück, das wir zwei hier meinen, dem wesentlichen, auf jenes, das mit unserer Haltung zu tun hat, nicht mit »Schwein gehabt« oder »Das fühlt sich jetzt aber gut an«, und halten wir assistierend Folgendes fest: Die vollkommene Abwesenheit von Negativem bei gleichzeitiger Anwesenheit von möglichst viel Positivem, das wäre wohl in den Augen der allermeisten: Glück. Dieses ferne Ideal streben wir alle an, und das immer. Was bedeutend ist für unser Verständnis von allem, auch und vor allem für das Verständnis unserer Mitmenschen resp. Nebendarsteller. Menschen verfolgen mit ihrem Handeln *immer* eine Vergrößerung ihres eigenen Glücks – sie versuchen *immer*, den Anteil des Negativen in ihrem Leben zu verkleinern und den des Positiven zu vergrößern. Dass ihre Mittel und Handlungen dabei oft untauglich sind, steht auf einem ganz anderen Blatt. Entscheidend ist: Das Motiv ist immer die Verbesserung der eigenen Lage. (Und wenn du gestattest, erlaube mir den Zusatz, dass niemand hierbei bewusst falsch oder »böse« handelt, also entgegen seiner eigenen Vorstellung von »richtig« und »falsch«, nicht einmal ein Mörder. Nach deiner und 99% deiner Mitmenschen Ansicht handelt letzterer unmoralisch, aber nach seiner Ansicht ist sein Verhalten gut und richtig, nämlich weil es seine Lage verbessert.)

Das Missverständnis bei der Suche nach Glück besteht vor allem in der Verwechslung von Weg und Ziel. Das Ziel »nur Positives, nichts Negatives« ist vernünftig, *erreichbar* ist es allerdings mitnichten. Daher ist Glück in erster Linie eine Frage des Anspruchs. Wer weiß, dass das Ziel »andauernd Positives« unerreichbar bleibt, genießt die Phasen, in denen er seinem eigenen Wunsch nah ist – und hält sich nicht für unglücklich in jenen Phasen, in denen er von seiner eigenen Wunschvorstellung mehr oder weniger weit entfernt ist. Voraussetzung für wahres Glück ist also paradoxerweise die Erkenntnis, dass unsere Wünsche auch im günstigsten Fall nie erfüllt werden. Wer fähig zum Glück ist, der weiß, dass wahres Glück Phasen des Pechs, des Kummers, der Unzufriedenheit und des Unglücks umfasst – und der verlangt nicht, immer tun zu können, was er gerade will, sondern will immer, was er gerade tut.

Der wahrhaft glückliche Mensch ist daher jener, der sich als lebendiger Teil des Kosmos fühlt und des Zeitstroms, der durch seine eigenen Adern von seinen Vorfahren zu seinen Nachfahren fließt; der unbekümmert vom Wissen um seine eigene Endlichkeit, sich seiner selbst und seiner Grenzen bewusst, in heiterer Illusionslosigkeit Tag für Tag aufs Neue gespannt erwartet, welche neuen Erkenntnisse er dem Leben abgewinnen darf.

PS: »Such dein Glück« erweist sich übrigens oft als ganz und gar blödsinniger Ratschlag, denn das Glück ist Weltmeister im Verstecken (Vizeweltmeister ist der Geistesblitz). Bevorzugt taucht das begehrte Glück auf, wenn wir uns mit etwas ganz anderem beschäftigen und so tun, als interessierten wir uns überhaupt nicht dafür, wo es steckt. Dann nämlich kommt es neugierig aus seinem Versteck, interessiert sich für dein unerhörtes Desinteresse, gesellt sich direkt an deine Seite und bereichert dein Leben durch seine unmittelbare Gegenwart.

Zeit

Zeit ist alles, was wir haben. Wir wissen nicht, in welchem Umfang, denn die für uns wahrnehmbare Zeit kann jederzeit enden (→ Tod). Die meisten scheinen das allerdings nicht zu wissen, leben sie doch, als wäre durchschnittliche Lebenserwartung so was wie ein Toaster mit Garantie, den man bei Versagen im Media Markt reklamieren kann.

Da Zeit alles ist, was wir haben, ist Zeitverschwendung eine

Katastrophe, eine wahre Sünde dir selbst und dem Geschenk des Lebens gegenüber. Wobei du mich bitte nicht falsch verstehst: Was pragmatisch denkende Menschen Zeitverschwendung nennen, ist oft genau das Gegenteil. In den Himmel zu schauen und die Gedanken schweifen zu lassen, ist keine Zeitverschwendung. Einer erfüllenden Tätigkeit nachzugehen, ist keine Zeitverschwendung. Und du wirst feststellen, dass die Zeit für dich viel langsamer verstreicht als für andere, wenn du etwas an sich und für dich Schönes tust – »Nie im Leben hab ich jetzt zehn Stunden *gepuzzelt!*«. Deine Empfindung ist richtig, denn für den, der sich im Einklang mit den Kräften um sich herum befindet, vergeht die Zeit nicht im Flug, sondern gar nicht. Sie verstreicht nur um ihn herum weiter, und nicht er hat sie vergessen, sondern sie ihn.

Echte Zeitverschwendung ist hingegen etwas ganz anderes, nämlich alles, was du nicht willst und eigentlich auch nicht müsstet. Dass wir gelegentlich Dinge tun müssen, die wir nicht tun wollen, gehört nicht dazu. Ein Kind zu wickeln, ist keine Zeitverschwendung. Zeitverschwendung ist: einen Artikel zweimal schreiben, weil einem der Computer abgestürzt ist und man das Dokument nicht gesichert hatte. (Die Erfahrung ist ausgesprochen lehrreich, denn sie erzeugt vortrefflich das Gefühl, das sich bei jeder Zeitverschwendung einstellen sollte: tiefe Frustration und Verzweiflung über die verlorenen Stunden).

Ein weiterer Aspekt des höchsten Gutes Zeit muss erwähnt werden: Der Volksmund sagt »Zeit ist Geld«, meint damit etwas ganz anderes und trifft trotzdem den Nagel auf den Kopf, nämlich im Umkehrschluss. Denn → GELD ist durchaus Zeit.

Investierst du deine Zeit mit Geschick, wirst du dafür Geld erhalten, manchmal erbst du auch welches oder kriegst es geschenkt. Betrachte dieses Geld nicht als Mittel, um

Güter dafür einzutauschen, sondern als Zeitgeschenk. Denn du kannst dir davon Minuten, Stunden, bestenfalls Jahre kaufen, die du nach deinen Vorstellungen verbringst, jenseits aller Sachzwänge.

Achte deshalb Geld nicht zu gering. Betrachte es als in Scheine und Münzen gepresste Zeit.

Aber nimm es auch nicht zu wichtig. Denn wenn du deine Zeit mit Dingen verbringst, die dich glücklich machen, wird dir Geld nichts nützen. Du gibst ja deine Zeit ohnehin schon für die Tätigkeiten her, die dir etwas bedeuten. Und Minuten doppelt bezahlen, das kann keiner.

Vergiss nie: Deine Zeit ist alles, was du hast. Lass sie dir nicht stehlen.

Tod

Die meisten von uns zivilisierten Menschen haben ein merkwürdiges Verhältnis zum Tod. Das ist verständlich, aber sehr bedauerlich, denn es vermasselt einem das Leben. Obwohl wir nämlich zwei Dinge absolut sicher wissen – nämlich a), dass unser Tod unvermeidlich ist und b), dass er uns jederzeit ereilen kann –, verhalten sich die meisten, als ginge genau das sie nichts an. Denn wäre ihnen jederzeit bewusst, dass die Sekunde, die sie gerade erleben, sehr gut die letzte sein könnte, würden sie diese und jede andere Sekunde nicht mit Unsinn vergeuden wie Streitereien, Angst, Sorgen oder anderen nutzlosen Tätigkeiten. Deshalb ist es so wichtig, sich bewusst zu sein, dass der Tod allgegenwärtig ist. Dass du sterben kannst, jederzeit. Und dass jeder, den du liebst, sterben kann. Jederzeit.

Daraus ergibt sich dann aber eben nicht, dass man in ständiger Sorge und Furcht (→ Angst) lebt, denn Furcht vor etwas definitiv Unabwendbarem, Unvermeidlichem ist ja nun das Blödeste, was man haben kann. Statt Furcht wird sich allerdings ein ständiges Bewusstsein für die Schönheit des Erlebens einstellen, weniger poetisch gesagt: Du wirst auf dich und deine Lieben achten und – selbstredend – versuchen, dich und sie nicht bewusst in Lebensgefahr zu bringen, aber du wirst auch wissen, dass du darüber hinaus nicht verhindern kannst, dass alles vergeht. Und *wann* es vergeht, liegt nicht in deiner Hand. (Jedenfalls jenseits der Entscheidung, nicht ohne Seil Bungee zu springen oder vergleichbaren Unfug zu treiben).

Das Leben ist ein Geschenk. Jeden Tag wieder. Und jeden Morgen, an dem du lebend erwachst, solltest du mit dem Gedanken begrüßen: »Schon wieder ein zu 98% gelungener Tag!« Sieh über deine Schulter, sieh den Sensenmann, der hinter dir hertappt, und bitte ihn mit einem Lächeln, auch heute wieder Abstand zu halten – zu dir und zu den Deinen. Und dann verbringe den Tag im Wissen, dass das Leben endlich ist.

Du wirst verblüffend wenig Streit haben. Und du wirst dich verblüffend selten zu Dingen überreden lassen, die du eigentlich nicht willst, die dich Zeit kosten, die du mit etwas anderem verbringen willst. Denn → Zeit ist alles, was wir haben.

Trägst du dieses Wissen in deinem Herzen, kannst du dich der zweiten Frage im Zusammenhang mit dem Tod zuwenden, wenngleich diese mangels Beweisen nicht endgültig zu beantworten ist. Nämlich der Frage, ob der Tod, der unvermeidliche, das Ende ist. Die einen sagen Ja, die anderen Nein. Mir scheint, dass sowohl Esoteriker wie auch Naturwissenschaftler im Grunde längst bewiesen haben, dass der Tod nicht das Ende ist, denn Raum und Zeit sind ausgesprochen vage Konzepte, und Goethe ist in meiner Wahrnehmung viel lebendiger als jemand, der bei Aldi nebenan Kartons sortiert, den ich aber noch nie gesehen habe.

Mich persönlich hat diese Frage sehr schnell kalt gelassen. Dass meine Bestandteile nicht verloren gehen können, steht fest, denn in diesem Universum kann ja nichts verloren gehen (wohin denn, bitte?); dass »ich« nicht in der derzeitigen Form erhalten bleibe, steht ebenso fest, sonst wäre der Begriff Tod kompletter Unsinn. Ob »ich« alles Bewusstsein verliere? Kann sein. Ob das gut ist? Oder schlecht? Welchen Sinn hat es, darüber zu spekulieren? Lassen wir die Antwort optimistisch auf uns zukommen, Montaigne im Sinn: »Wer sterben gelernt hat, ist kein Sklave mehr«. Nutzen wir also die Zeit, die uns verbleibt. So furchtlos und dankbar wie möglich, jeden Tag, jede Sekunde.

Hab keine → ANGST vor dem Tod. Achte ihn, behandle ihn mit Respekt. Aber fürchte ihn nicht. Das macht nichts besser, höchstens alles schlimm.

Sei unnatürlich

Bei allem, was du über Natur (unsere eigene oder die sprichwörtliche Mutter → NATUR A UND B) und Natürlichkeit hörst und liest (auch hier), vergiss bitte eines nie: Wir Menschen können *besser* sein als unsere Natur und das ist das größte Geschenk, das die Schöpfung uns gemacht hat. Deshalb: Sei unnatürlich.

Natur ist manchmal – in unseren Augen und Ohren – atemberaubend schön, manchmal atemberaubend grausam, aber sie meint das nicht so. Weder fällt das bunte Herbstlaub, um uns zu erfreuen, noch lässt die Katze die gelähmte Maus noch ein paar Mal auftitschen, weil sie einen schlechten Charakter hat (oder einen schlechten Tag). Natur ist alles Mögliche, aber nicht barmherzig. Und falls doch, dann zufällig.

Wir aber sind im Unterschied zu Zellen, Gazellen, Bäumen und Sternen in der Lage zu ignorieren, was unsere Natur uns vorschreibt. Wir können uns verweigern. Der Arterhaltung (→ KINDER) ebenso problemlos wie fast allen anderen natürlichen Diktaten. Dass die meisten diese Freiheit nutzen, um unterhalb der natürlichen Vorgaben Kettenraucher zu werden, Kleinsparer zu betrügen oder Frauen und Kinder zu erschießen, tut nichts zur Sache. Entscheidend ist, dass wir als einzige Lebewesen die Möglichkeit haben, über unsere Natur hinauszuwachsen.

Wir können freiwillig zur Seite treten, wenn wir jemandem die Sonne nehmen (frag mal einen Baum). Wir haben eine Vorstellung von der Zukunft (frag mal eine Möwe). Wir haben Absichten und können uns die Konsequenzen unseres Handelns oder Nichthandelns ausmalen (→ HANDELN UND ENTSCHEIDEN) (frag mal die Zelle). Wir können beschließen, dass wir aufhören, zu tun, was unsere Natur verlangt (frag mal einen Stern). Wir können uns sogar komplett widernatürlich verhalten und für einen einzelnen Artgenossen unser Leben hergeben, nur weil wir ihn lieben (→ LIEBE A und B). Oder, ebenso widernatürlich, unser Leben für etwas hergeben, was niemand sehen, riechen, schmecken, anfassen kann, weil es noch gar nicht materiell existiert: ein Ideal. Eine Idee. Einen Traum.

Wir können daher etwas gänzlich Unerhörtes und einzigartiges: größer sein als die Natur. Denn wir sind frei (→ J. C.). Der Preis, den wir für diese Freiheit zu entrichten haben, ist das Böse. Aber der Hauptgewinn ist das Gute. Das unerhört Gute, das, womit wir über unsere Natur hinauswachsen.

Kosmos
Energie
Bewegung
Wechselstoff
Kreise und Kugeln

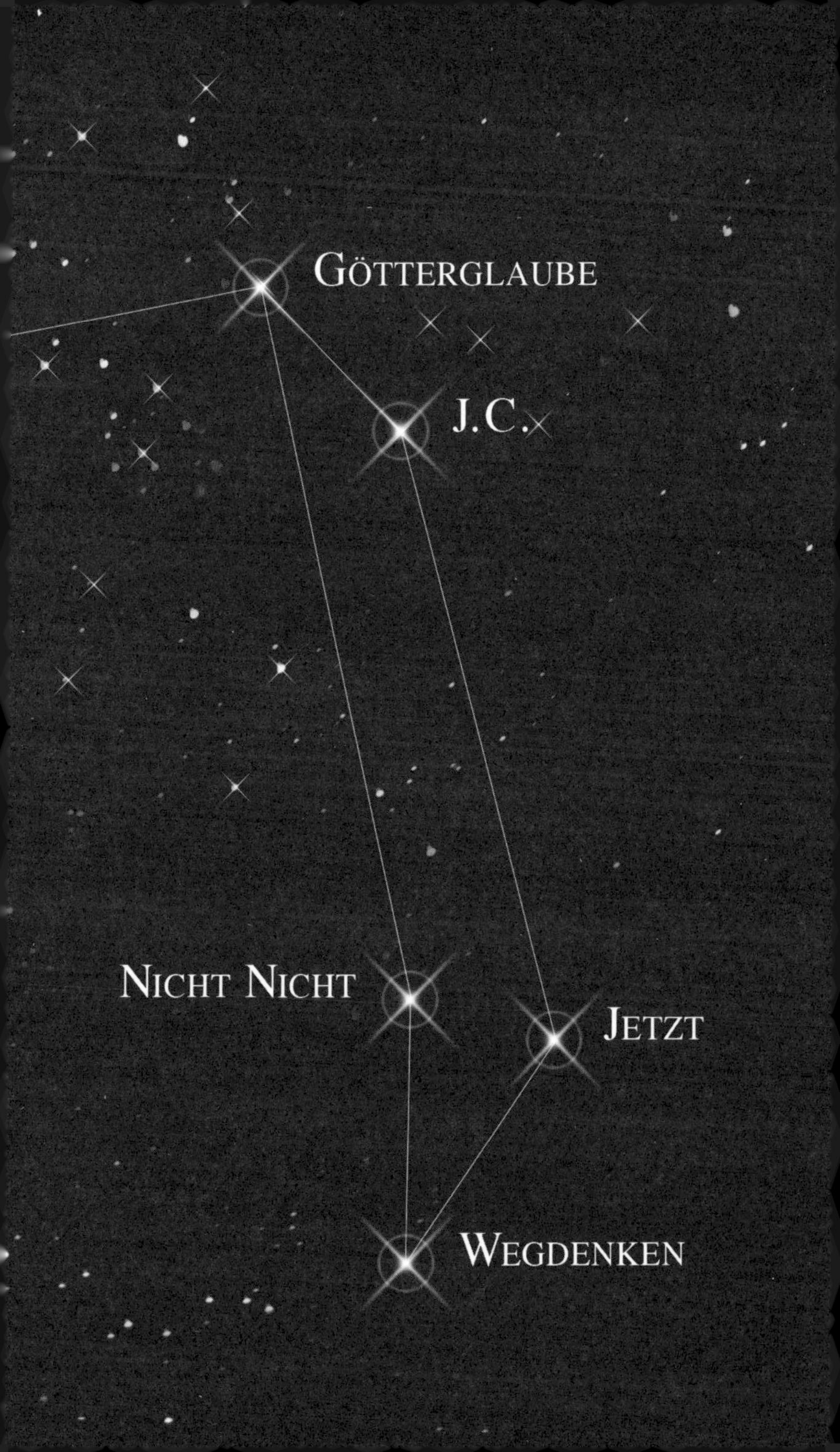
Götterglaube
J.C.
Nicht Nicht
Jetzt
Wegdenken

Kosmos A bis Atom

Stell dir vor, es ist Nacht. Vielleicht ist gerade sogar Nacht, dann musst du's dir nicht vorstellen. So, und jetzt schau tatsächlich oder gedacht in den wolkenlosen Himmel. Du siehst: Sterne. Dazwischen ganz viel Nix, und um die Sterne kreisend, wenn auch mit unserem schwachen Auge von hier unten nicht zu erkennen, nur mit Phantasie, Planeten sowie Monde, die wiederum um die Planeten kreisen. Das ist das Große, der Kosmos.

Und jetzt wendest du den Blick nach innen und zoomst mal paarhundertfach ran. Noch näher. Näher. Weiter als das, was das Elektronenmikroskop hergibt, bis ganz tief hinein, wo's überwiegend – Nix zu sehen gibt. Und ansonsten Atomkerne. Kleine Sonnen. Um die herum Planeten kreisen, auch wenn die hier Elektronen, Protonen oder Neutronen heißen.

Gleiches Bild. Mikrokosmos. Ein paar Kerne und drum herum unendlich viel Platz.

Unendlich? Na ja, fast.

Im Schweinsgalopp die Maßstäbe, zunächst für den Blick nach außen, oben. Wir roden in Gedanken ein 1000 x 1000 Meter großes Stück Land irgendwo in bester Innenstadtlage und bauen uns darauf ein echtes Modell unseres Sonnensystems: Die Sonne wird durch eine gelbe Bowlingkugel repräsentiert, die Erde befindet sich – klein wie ein Stecknadelkopf – 20 Meter von ihr entfernt. Jupiter und Saturn werden durch Tischtennisbälle vertreten, knapp 100 Meter bzw. 200 Meter von der Bowlingkugel entfernt,

Uranus und Neptun werden 300 und 400 Meter entfernte Luftgewehrkugeln, Pluto ein Staubkorn, 600 Meter weit weg. Mars, Venus und Merkur schmeißen wir irgendwo in der Nähe unseres Heimatstecknadelkopfes dazu, fertig. Unser Sonnensystem. So weit, so geräumig, denn da ist überwiegend: Platz. Also bauen wir uns das nächstgelegene Sonnensystem dazu – Alpha beziehungsweise Proxima Centauri. Dazu sollten wir allerdings anbauen. Denn wollen wir im Maßstab bleiben, gehört unser zum Hamburger Modell gehöriges Proxima-Centauri-Modell nach Thule, an die Nordküste von Grönland, knapp 5000 Kilometer entfernt.

Immerhin, das ist ja mal ein Anfang, stark verkleinert; treiben wir das Ganze weiter, passen auf unseren gesamten (echten) Planeten insgesamt etwa zwanzig Miniatur-Sonnensysteme, aber das war's dann auch. Knapp zwei Dutzend Bowlingkugeln, ein paar Tischtennisbälle, Stecknadelköpfe und Staubkörner, und dazwischen – nichts. Nur Raum. Womit wir an die Grenzen unseres erdgroßen Modellraums stoßen – und im Maßstab 1 zu 10 Milliarden nicht mal den allerwinzigsten Bruchteil dessen abgebildet haben, was du nachts leuchten siehst.

Wir könnten jetzt spaßeshalber nicht mit normaler Geschwindigkeit, sondern Lichtgeschwindigkeit durch das tatsächliche Universum reisen, also mit 299 792 Sekundenkilometern; mit dem Speed wären wir acht Minuten nach dem Start von der Sonne aus am Busstopp Erde und nach sechs Stunden am Pluto. Anschließend wird's etwas öde, denn die Durchquerung der bestenfalls mit ein paar Tonnen Schotter gefüllten Oort-Wolke dauert, und erst vier Jahre später erreichen wir überhaupt wieder etwas Greifbares, nämlich Alpha Centauri, drei kleine Sterne mitten im Nichts. Sirius, den hellen Stern da oben links am Nachthimmel, erreichen wir nach neun Lichtjahren, aber erst nach etwa 100 000 lichtschnellen Jahren wären wir vermutlich aus unserer Galaxis heraus (sofern der Raum tatsächlich gekrümmt ist), danach passiert wieder 4 Millionen Lichtjahre nichts bis zur nächsten Galaxis, und nach 15 Milliarden Jahren mit Lichtgeschwindigkeit sind wir dort, wo unseren Astronomen endgültig die Straßenkarten ausgehen, nachdem wir die etwa 140 Milliarden Galaxien à jeweils 100 bis 400 Milliarden Sterne passiert haben, von deren Existenz wir derzeit ausgehen.

Etwas kürzer gesagt: Es ist wirklich viel Platz.

Dass wir in diesem System nicht lichtschnell reisen, versteht sich von selbst, aber wie schnell wir tatsächlich sind, wissen wir deshalb noch lange nicht. Tatsache ist, dass die Erde sich dreht, und zwar mit 40 000 Kilometer am Tag, also 1 500 km/h. Da auch du immer mit diesem Tempo reist, relativiert sich jede Geschwindigkeitsüberschreitung, aber versuch mal, das einem Polizisten klarzumachen. Der wird genauso wenig beeindruckt sein, wenn du ihm sagst, dass die Bahngeschwindigkeit der Erde beim Sonnenumlauf 108 000 km/h beträgt. Zum Glück merken wir nichts vom Fahrtwind, aber Tatsache ist: Wir bewegen uns – mit der Erde – ziemlich schnell durch die Gegend. Und alles, was wir sehen, bewegt sich ebenfalls ziemlich schnell, wenn auch nicht unbedingt in unsere Richtung.

Nachdem wir das kapiert haben (und hoffentlich gleich mit, dass dieses Nichts dazwischen vielleicht doch etwas anderes ist als Nichts), wenden wir den Blick auf das Gleiche. Nämlich ein winziges Modell des Universums: uns selbst.

Ein Atom ist ein Modell eines Sonnensystems, bestehend aus Sonne (Kern), Protonen, Neutronen und Elektronen (Planeten und Monden). Vergrößerte man nun eines von den

Abermilliarden Atomen, die *dich* darstellen, auf sagenwirmal die Größe des One World Trade Center, wäre der Atom*kern* wiederum nur so groß wie das drin vergessen herumliegende iPad des Architekten (allerdings wesentlich schwerer, da dieses Sonnen-iPad 99,9% des Hochhausgewichtes ausmachte) – und drum herum wäre vergleichsweise wenig, besser: fast nichts. Auch Atome bestehen also vorwiegend aus Zwischenraum, und was wir um uns herum als feste Materie wahrnehmen, ist eine gelungene Illusion. Dass sich nun aber *in dir* fast unendliche Aberbillionen von Sonnensystemen sagen wir mal 18 Jahre lang so verhalten, dass sie immer *dich* ergeben respektive *du sind,* ist ein gehöriges Wunder. Dass die Zusammensetzung der Sonnensysteme sich dabei auch noch dauernd komplett verändert (binnen jedes Jahres werden 90% unserer Körperzellen komplett gegen neue ausgetauscht), *ohne* dass man dich dauernd mit Emma oder Katharina oder Dieter Bohlen verwechselt, ist ein noch viel größeres Wunder. Wer das nicht begriffen hat, wird sämtlichen Wundern des Lebens nie auch nur nahekommen. Dieser Simpel wird nämlich nie begreifen, welche Kräfte offensichtlich zwischen den Planeten da draußen und denen da drinnen wirken. Und wie wenig wir diesen Phänomenen mit unserem naturwissenschaftlichen Begreifen nahekommen.

Frag, wenn's passt, einen Wissenschaftler oder Mediziner: Woher *wissen* all diese Atome eigentlich, was sie machen sollen? Und: Wo sie sich befinden? Dass sie gerade ein Herz bilden und nicht Haut oder eine Pizza Margherita? Wieso tut es im Herzen weh, wenn wir Kummer haben? Woher wissen diese ganzen Herzatome, diese Sonnensysteme, voneinander getrennt durch unendliche Leere und erst recht getrennt von der Ursache unseres Kummers, was anderswo in diesem

Universum vor sich geht? Und wieso funktionieren eigentlich Gehirne? Glaub nicht, die Wissenschaft hätte darauf eine Antwort.

Wir kommen – du ahnst es – wieder zurück auf das Wesentliche, das uns mit dem gesamten Kosmos verbindet: Was wir mit Mühe begreifen können – Bowlingkugeln, Staubkörner, Atome –, erklärt nicht einmal ansatzweise, was geschieht. Was viele Wissenschaftler vergessen haben: Im Zwischenraum, im von uns arroganterweise als »dark matter« (Antimaterie) oder »dark energy« bezeichneten Nichts (das, am Rande bemerkt, auch etwa 98 % der *Masse* in uns und im Universum ausmacht), liegen die Antworten auf all unsere Fragen. In diesem Zwischenraum liegt die Antwort auf die Frage, wieso Menschen gesund oder krank sind, wieso Liebende einander finden oder verpassen, wieso manche glücklich werden und andere nicht.

Und das Schönste daran ist: Wenn du deine Antennen richtig aufstellst, kannst du das, was in diesem Zwischenraum geschieht, sehen, spüren und erleben.

Es geschieht ununterbrochen. Wende den Blick in die richtige Richtung und du siehst es.

Was nicht unwichtig ist.

Denn Geist und Seele machen den Körper. Und Geist und Seele wohnen in den Zwischenräumen.

Energie

Alles besteht aus Energie, alles lebt von Energie. Anders gesagt, ohne Energie lebt nichts. Jedenfalls nicht lange. Pflanzen leben allein von Luft, Erde, → WASSER und → LICHT (sie entstehen sogar ohne weiteres Zutun allein aus diesen Elementen), wir Menschen sind ein bisschen anspruchsvoller. Auch wir Energiebündel können uns, wie die Pflanzen, auf simple Art und Weise versorgen, also mittels Aufnahme von Luft, Licht und Wasser bzw. minimal komplizierter verpackten Energiequellen, also Pflanzen und Lebewesen. Beim Verzehr der komplexeren Energiespeicher kann man indes einiges falsch machen: → LEBENSMITTELPUNKTE 1–3.

Die für uns ebenso wichtige andere Energieform ist weniger fass- und messbar und findet daher weniger Berücksichtigung unter Naturwissenschaftlern, denn was die nicht messen können, bereitet ihnen verständlicherweise Unbehagen. Dennoch: Diese Form der Energie ist ebenso essentiell wie die eben genannte; der Mensch lebt nicht vom Brot allein.

Wer sich *gut fühlt* (sic), der ist nicht krank. Wer sich gut fühlt, hat Energie. Man kann in diesem Zustand Bäume ausreißen (was man lassen sollte, jedenfalls, sofern einem die Dinger nicht gehören). Du kennst das: Bist du mit dir und der Welt zufrieden, hast du Energie. Bist du nicht zufrieden, fehlt dir Energie, mal mehr, mal weniger.

Woher beziehen wir unsere Energie? Die meisten von uns beziehen sie eigenartigerweise von anderen. Denn wir fühlen uns nur gut, wenn wir wahrgenommen werden: wahlweise geliebt und bewundert oder bemitleidet oder gehasst, wir leben davon, dass andere uns auf welche Weise auch immer ihre Aufmerksamkeit zuwenden (→ AUFMERKSAMKEITSRELATION). Tatsächlich fließt auf diese Weise Energie – nämlich von dem, der bewundert oder liebt oder bemitleidet oder hasst, zu dem, der geliebt oder bewundert oder bemitleidet oder gehasst wird. Wo gegenseitige Bewunderung oder → LIEBE herrschen, ist daran nichts auszusetzen, aber meist liegen die Dinge einseitig. Was nicht bedeutet, dass du aufhören sollst zu lieben und zu bewundern. Nur sollst du dir im Klaren sein, dass diese Form der Energieweitergabe selten offen und ehrlich vonstattengeht, ja, die meisten wissen nicht einmal, dass sie auf diese Weise nehmen oder geben.

Die Menschen, die ihre Energie aus sich selbst beziehen, wirst du verblüffend leicht erkennen, wenn du mit offenem Herzen und offenen Sinnen durch die Welt gehst. Du wirst spüren, dass sie in sich ruhen, dass sie »rund« sind und nicht leicht zu erschüttern. Ihre absonderliche Ruhe rührt daher, dass sie nichts hinterher jagen müssen, schon gar nicht Energielieferungen von anderen. Und sofern du einen von diesen Menschen triffst und er zudem nicht überheblich ist ob seines Vorsprungs gegenüber den meisten anderen, räume ihm einen Platz in deinem Herzen ein. Es ist immer hilfreich, ruhende Pole um sich zu wissen.

Wie dieses Fabelwesen seine Energie aus sich selbst bezieht?

Weil es erkennt, dass alles Notwendige nur in ihm selbst sein kann: In jeder wesentlichen Hinsicht bist du selbst alles, was du hast. Und das ist nicht etwa schlimm, sondern es ist schön. Was auch immer du in anderen suchst – wenn es nicht in dir ist, wirst du es nicht finden. Was im Umkehrschluss sehr logisch bedeutet: Such es in dir. Nicht in anderen.

Der einfachste Weg, zur eigenen Energie zu finden, ist – du ahnst es – die Schöpfung. Die eigene, also die Kunst. Ob du malst, musizierst, schreibst oder schnitzt, ist dabei völlig unerheblich. Du hast bereits in jungen Jahren festgestellt, welche Kraft in dieser Schöpfung liegt, und ich hoffe, das geht dir nie verloren.

Solltest du dich entschließen, deine Kunst in die Öffentlichkeit zu tragen, sei dir über deine Motive im Klaren. Solange du die Energie, die dir dabei zufließt, bloß billigend in Kauf nimmst, wird es dich nicht beschädigen. Sobald du deine Kunst nur ausstellst, um geliebt oder bewundert zu werden, bist du auf dem Holzweg.

Aber solange du auch das weißt, sind sogar Holzwege befahrbar.

Bewegung!

Augenscheinlich erfordert es Anstrengung oder Energie, einen Gegenstand in Bewegung zu versetzen. Tatsächlich aber erfordert es Energie, einen Gegenstand zum Stillstand zu bringen. Was also taugt der Augenschein?

Nimm dir ein Flugzeug und flieg damit von Frankfurt nach New York und wieder zurück. Die Strecke ist gleich lang, aber seltsamerweise dauert die Rückreise nach Osten eine Stunde weniger lang als die Hinreise, was besonders seltsam ist, weil sich die Welt nach Osten dreht, also auf der Rückreise mit einem Affenzahn unter dir weg. Auf der Hinreise fliegt dir New York entgegen, ergo müsste doch die *Hinreise* wesentlich kürzer sein. Augenscheinlich?

Das Problem ist, dass eine ganze Portion Bewegungen auf das Flugzeug wirken, in dem du sitzt. Da sich der Boden unter deinen Füßen bzw. den Rädern bewegt, fliegst du ja schon beim Start mit mehr als 1000 km/h ostwärts. Beschleunigst du dein Flugzeug zusätzlich in die gleiche Richtung, legst du die Strecke zwischen zwei Punkten mit der zusätzlichen Geschwindigkeit zurück. Fliegst du aber *gegen* die vorhandene Bewegung an, erzeugst du mit Müh und Not Stillstand. Dein Flugzeug verharrt also bestenfalls acht Stunden auf der Stelle, während sich die Welt unter dir auf dich zubewegt, und die Energie, die dein Flugzeug verbrät, geht nicht für Bewegung drauf, sondern vollständig für Stillstand.

Nun müssen wir wohl gelegentlich aufwendig in der Luft stillstehen, sofern wir nach New York wollen, aber im täglichen Leben fahren wir besser, wenn wir nicht mit aller Macht gegen die Bewegung um uns herum arbeiteten, sondern mit ihr. Daher gilt: Setze dir deine → ZIELE so, dass die vorhandene Bewegung dich trägt.

Und diese Bewegung ist überall. Wenn auch nicht augenscheinlich. Im Großen wie im Kleinen ist alles permanent mobil, der Boden unter deinen Füßen wie die paar Billionen Zellen in deinem Körper, die Atome und Quarks, die das alles bilden. Bist du im Einklang mit diesen Kräften, entsteht etwas, das Esoteriker den *Flow* nennen, das aber sogar sachlichere Naturen kennen – die sich dann vielleicht immerhin zu der Formulierung hinreißen lassen: »Die → ZEIT verging wie im Flug«. Im Rückflug.

Sein ist Bewegung. Alles bewegt sich so lange, bis eine Kraft auftritt, die es an der Bewegung hindert. Naturwissenschaftler wissen das ebenso gut wie Esoteriker, aber unser alltägliches Wahrnehmen ist von anderen Gestalten geprägt, nicht zuletzt von unseren Philosophen, die seit der Antike stur an der Realität vorbeigrübeln. (Heraklit war der einsame Outlaw, der die Wahrheit auszusprechen wagte, aber seine größten Hits *Alles fließt* und *Niemand steigt zweimal in denselben Fluss* waren nie in den Top Ten).

Nun sollst du nicht gleich jedes Mal in schallendes Lachen ausbrechen, wenn jemand sagt »Lassen Sie mich Folgendes festhalten«. Erst recht sollst du nicht jene bedauern, deren Lebensglück an der Illusion hängt, alles sei zu fassen oder gar zu berechnen. Denen weise weder den Weg nach

Osten noch den zu den Quantenphysikern, lass ihnen ihr überzeugtes Rhabarbern.

Aber lass dich von ihrem Geschwätz nicht irre machen. Stillstand kostet viel Kraft, Bewegung hingegen führt Kraft mit sich. Und was dich zum Stillstand bringen will, das räume aus dem Weg, indem du dir die zur Verfügung stehenden Kräfte dienstbar machst. Du wirst auf diese Weise zwar manchen verärgern mit deinen noch im hohen Alter jugendlichen Zügen und dem dazu passenden beweglichen Geist, aber diese besondere Rücksichtslosigkeit erlaube dir ohne Skrupel.

Wechselstoff

Wie entsteht ein Baum? Aus einem winzigen Samenkorn, Licht, Wasser, Luft, Erde und irgendeinem seltsamen, unsichtbaren Kitt, der aus diesen paar unschuldigen Elementen Leben entstehen lässt. Das wissen wir, aber die Konsequenzen für unser eigenes Leben ziehen wir nicht. Warum? Weil wir uns mit dem Baum nicht allzu nah verwandt fühlen? Vermutlich – weil wir beweglicher sind und eine schickere Frisur haben. Tatsächlich aber entstehen und bestehen auch wir im Großen und Ganzen aus Licht, Luft und Wasser, und wie der Baum wachsen wir aus so gut wie nichts weiter. Im Zuge dieses Weiterwachsens bleibt in uns kein Elektron auf dem anderen, trotzdem erkennen unsere Eltern uns ständig wieder (außer in der Pubertät), sprich: Obwohl wir aus 10 bis 100 Billionen Zellen bestehen, ist von denen nach sieben Jahren nichts mehr übrig. Es sind zwar immer noch 10 bis 100 Billionen Zellen da, allerdings neue. Nach sieben Jahren bestehst du aus nichts mehr von dem, was du vor sieben Jahren warst. (Möglicherweise wirst du feststellen, dass das Leben tatsächlich Sieben-Jahres-Zyklen kennt, aber für Esoterik ist hier nicht ausreichend Platz.)

Im Wissen, dass du dich ständig erneuerst aus dem (und nur dem), was du aus deiner Umwelt aufnehmen kannst, wird der platte Satz »Du bist, was du isst« sicherlich etwas gehaltvoller (→ LEBENSMITTELPUNKTE 1–3). Dennoch haben die hungrigen Urheber zu kurz gegriffen, denn der permanente Stoffwechsel umfasst mehr als Essen und mehr als Trinken. Mehr sogar als das, mit dem sich die Schulphysik befasst, denn was du zu dir nimmst, ist immer Energie, in all ihren Formen (→ ENERGIE). Ebenso wichtig ist die Qualität der Luft und des → LICHTS, die du zur fortwährenden Erneuerung deiner selbst verwendest. Und dabei ist Luft nicht nur gute oder schlechte Kneipenluft und Licht nicht nur Sonne.

Die Qualität der Klänge, Bilder und Gedanken, die wir zu uns nehmen, spielt eine wesentliche Rolle beim fortwährenden Umbau unserer selbst. Denn diese Qualität entscheidet darüber, wie die fassbaren Elemente zusammengefügt werden – oder eben auch nicht. Die Qualität der Dinge, die wir hören, lesen und fühlen, erst recht aber die Qualität unserer Gedanken sind wesentliche Bestandteile unseres Stoffwechsels: »Du bist, was zu dir nimmst und was du von dir gibst. Du bist, was du denkst, sagst und fühlst«.

Aber glaub nicht, da hättest du ihn gefunden, den ganz großen Unterschied zwischen dir und dem Baum. Der redet zwar nicht, aber sogar Wissenschaftler müssen zugeben, dass auch der besser gedeiht, wenn er statt Techno Mozart hört.

Stoffwechsel ist einfach. Der Baum lebt von deinen Abgasen, du lebst von seinen. Du gibst Elemente ab und nimmst welche auf, um dich ständig zu verändern und zu erneuern, die Welt um dich herum macht's genauso – zum gegenseitigen Nutzen. Und wenn wir uns in dem, was wir *Leben* nennen (zu kurz gedacht), ein bisschen geschickt anstellen, nützen wir dem Ganzen sogar in der Phase, in der wir nicht nur als atomare Bausteine Teil der Natur sind, sondern als ganze Menschen.

In unseren Kreisen und Kugeln

Gott ist rund. Das wissen nicht nur leidenschaftliche Ballspieler, sondern auch alle anderen, die die Natur mit wachem Auge betrachten. Die Natur baut keine Kisten und hat nur im Notfall Ecken und Kanten, Planeten und Atome biegen nicht scharf nach rechts ab und selbst der Kosmos scheint qua Krümmung in sich und um die Zeit herum kugelrund geschlossen.

Die beste Verbindung ist nicht gerade, sondern oft viel schöner; deshalb baut die Natur keinen Nord-Ostsee-Kanal, sondern zum Beispiel den Rhein. Nicht, weil sie blöd wäre oder nichts von Ökonomie verstünde oder auf Schönheit Wert legte, sondern weil sie weiß, dass Geradlinigkeit Nachteile hat. Ein geradewegs vom Berg ins Tal führender Fluss zerstört sich im Lauf der Zeit selbst sowie das, was an seinen Ufern wächst. Deshalb mäandert der Fluss talwärts.

Diese natürliche Neigung zu Kreis und Kurve ist kein Zufall, im Gegenteil. Die Natur weiß, dass alles Leben Kreisformen folgt, deshalb hat sie wenig Bedarf an Geraden. Mag sein, dass manche Wege von A nach B führen, aber sie enden nicht bei B, sondern führen von dort weiter und am Ende, in weitem Schwung, zurück nach A.

Was dein eigenes Leben betrifft, wirst du feststellen, dass die Kreise einander überlagern, mit dir als Mittelpunkt. Aus diesen vielen einander überlagernden Kreisen ergibt sich im Idealfall eine Kugelform, weshalb wir alles, was annähernd gelungen ist, gern als »runde Sache« bezeichnen – und nicht als »schön eckig«. Und die Natur war so freundlich, uns diese Überzeugung sogar mitzuteilen, in naturgesetzlicher Form. Denn wenn es absolute Perfektion nicht geben kann, weil das Leben im letzten Detail unberechenbar bleibt – wie würdest du, wärst du schöpfungsverantwortlich, diesen Sachverhalt so abbilden, dass ihn auch der letzte Rationalist versteht, also ein Mathematiker? Eben. Indem du ihm die Möglichkeit *nimmst,* Perfektion zahlenmäßig zu erfassen. Und nur deshalb benötigst du zur Berechnung der Größe einer Kugel eine unmögliche Zahl: Pi.

Das Lieblingselement des Schöpfungsverantwortlichen ist daher jenes, aus dem wir überwiegend bestehen und das von sich aus die Kurve und die Kugelform sucht. Nimm eine Handvoll → WASSER, wirf sie ausreichend hoch und mach ein Foto davon. Du wirst eine Menge Kugeln sehen. Wasser weiß, dass dies die sicherste Form ist, aber Wasser ist ja auch sonst ziemlich clever.

Für den alltäglichen Gebrauch sollte uns diese Erkenntnis beruhigen. Der direkte, kürzeste Weg führt meist nur schnurstracks irgendwohin, aber nicht näher ans Ziel und schon gar nicht näher zur Zufriedenheit auf dem Weg. Wir sind daher gut beraten, die Natur zu betrachten und nicht den schnellsten, sondern den schönsten Weg zu wählen, den sie uns gestattet. Solltest du jemals Zweifel am Wahrheitsgehalt dieser Behauptung hegen, empfehle ich dir zwei Autofahrten, eine auf der A7 von Hamburg Richtung Norden und eine zweite auf der Chiantigiana (egal, in welche Richtung).

Sollte dich danach noch mal jemand kritisieren, weil du einen natürlichen Weg durch dein Leben wählst, wird dich das vollständig kaltlassen.

Nichts, was aus Geraden zusammengesetzt ist, kann rund sein, und nur was rund ist, kann in sich ruhen. Stabilität und Seelenruhe liegen daher in der Kugel, die aus endlos vielen Kreisen besteht, nicht aus Pfeilen; einer Kugel, deren Mittelpunkt deine Seele bildet, und deren Stabilität die Qualität deines Denkens und Fühlens bestimmt, mithin deine Seelenruhe auf dem Weg durch Raum und Zeit.

Elementares Wegdenken

Selbst ein kluger Fisch wäre überfordert damit, sich eine Weltanschauung zu machen, in der Wasser nicht vorkommt. Fische sind daher mäßige Philosophen, wir hingegen haben das Potenzial, über die Oberfläche hinauszudenken, kraft unseres kühnen Geistes. Dieses einzigartige Werkzeug sollten wir gelegentlich sinnvoll nutzen und uns mittels der nachfolgend geschilderten einfachen Übung neue Perspektiven auf unsere Umwelt und deren gelegentlich rätselhafte Bewohner eröffnen.

Im Normalzustand, im Alltag, sind wir Gefangene unserer Systeme – unserer Sprache (an die alles, was wir wissen oder zu wissen glauben, gebunden ist → GLÜCK), unserer Moral, unseres Ego, unserer Definitionen, unserer Überzeugungen. Es ist daher ausgesprochen erfrischend für Seele und Geist, eben diese Fesseln gelegentlich zu testen. Das Gemeine an diesen Fesseln ist allerdings, dass sie nicht etwa klein und fast unsichtbar sind, sondern so riesig und allgegenwärtig, dass wir sie gar nicht als solche erkennen.

Das Vorhandene ist selbstverständlich, aber nicht selbsterklärend. Es enthüllt nur dem seine Bedeutung, der es sich wegdenkt.

Die Übung ist daher simpel: Entferne gedanklich eine fundamentale Selbstverständlichkeit aus dem System, in dem du lebst. Nicht eine Selbstverständlichkeit wie den Bus in die Stadt oder den Käse im Kühlschrank, sondern zum Beispiel → LICHT, → WASSER, den Begriff »Rot« oder das Telefon.

Stell dir vor, du lebtest am Nordpol. Ohne Begriff für Blumen, den Duft einer frisch gemähten Wiese oder den eines Waldes nach dem Sommerregen. Wäre dein Denken und Fühlen genauso wie jetzt?

Stell dir vor, du müsstest neunzig Minuten eisern und aufmerksam vor deinem Computer sitzen, um eine CD mit deinen Lieblingssongs zu brennen. Oder du müsstest zwei Jahre reisen und zahllose Geschäfte abklappern, zu Fuß, um ein vergriffenes Buch kaufen zu können. Wärst du ein anderer Mensch?

Stell dir vor, du lebtest in einer Gesellschaft, die aus philosophischen Gründen die Existenz der »Null« verbietet, weil diese keine Zahl ist. Sei doch nun bitte so nett und versuche die vergleichsweise simple Rechenaufgabe 12 x 4156 schriftlich zu lösen. Fast unmöglich? Wohl wahr.

Du warst eben für einen Augenblick Römerin, denn unter den römischen Ziffern fehlt die Null tatsächlich. Aus den genannten Gründen.

Können die Römer *gedacht* haben wie du und ich, im *Wissen,* dass es keine Null gibt? Und konnten sie wissen, was sie alles nicht mal ahnen?

Stell dir vor, du glaubtest, dass die Sonne um die Erde kreist. Dem Augenschein nach ist das ja auch so. Verändert das deine Wahrnehmung? Nur die des Sonnenaufgangs, oder auch die deiner Rolle im Universum, deiner Aufgehobenheit, deiner Bedeutung? (Und nun stell dir vor, dass einer beweist, dass das *nicht* so ist, dann bist du bei der Unerhörtheit, die Kopernikus damals beging. So unerhört war das, dass selbst 150 Jahre später Shakespeare immer noch verzweifelnd in Richtung des zerstörten Systems schrieb: »Es gibt Dinge zwischen Himmel und Erde, die unsere Schulweisheit sich nicht träumen lässt.« Auch Genies tun sich schwer mit dem Verlassen ihres Elements.)

Tu's gelegentlich spaßeshalber. Denk dir hin und wieder ein paar selbstverständliche Dinge weg, wenn du die Welt, einen Menschen oder dich selbst nicht verstehst. Raus aus dem warmen Mantel, ab ins kalte Wasser. (Und keine Sorge, es geht dir nur bis zum Bauch.)

Nicht funktioniert nicht

Und zwar nie. Das weißt du natürlich, seit ich dich im Alter von circa sieben Jahren bat, *nicht* an blaue Affen zu denken. Und du verblüfft warst, wie sehr du in genau dem Augenblick an gar nichts anderes mehr denken konntest als an blaue Affen.

Zu wissen, dass ein »nicht« in Gedanken und Formulierungen grundsätzlich das Gegenteil von dem bewirkt, was es soll, ist aber überaus hilfreich. Wir *sind* unsere Gedanken und du bist gut beraten, das »nicht« zu meiden wie Beelzebub die Weihrauchtabletten. Statt »Ich bin nicht neidisch!« denke »Ich bin zufrieden«, statt »Ich will nicht mehr krank sein«, denke »Ich bin gesund«. Gern auch ein paar Tage in die Zukunft, denn dein Gehirn und dein

Körper haben kein Problem damit, sich zügig deinen Gedanken anzupassen.

Ach ja, und falls du irgendwann Gelegenheit hast, tu etwas wahnsinnig Nützliches und sorg dafür, dass dieses dicke Buch umgeschrieben wird, das so vielen von uns als moralischer Leitfaden gilt. Denn »Du sollst nicht töten« leistet deutlich Schlimmeres als »Du sollst alles Leben bewahren«, und »Du sollst nicht begehren deines nächsten Haus, Weib und Kram« weit weniger als »Sei dankbar und zufrieden mit dem, was du hast«.

Und fortan erinnere dich möglichst durchgehend nicht an diesen Rat.

Götterglauben

Früher schuf der Mensch sich Gott nach seinem Ebenbilde, aber das gilt natürlich nicht mehr für uns aufgeklärte Geister, bei uns verhält es sich andersrum. Wir wissen eben mehr als die alten Maya, Azteken, Indianer, Ägypter und Griechen, und damit endet auch schon die ironische Einleitung.

Niemand, der über Herz, Hirn oder gar beides verfügt, wird bestreiten, dass es gewaltige Mächte und Kräfte gibt, die sich seinem Begreifen entziehen, und es ist sicherlich tröstlich, sich diese Mächte als wohlmeinend vorzustellen. Vielleicht sind sie das sogar.

Dass sie da sind, steht außer Frage – und ist keine Frage des Glaubens. Die Existenz dieser Mächte grundsätzlich zu bezweifeln, ist kein Zeichen von forscher Intelligenz, sondern von galoppierender Hybris oder allumfassender Lästerung. Ebenso wie die Behauptung, diese Mächte hätten einzelnen von uns ihren Namen mitgeteilt oder irgendwem Regeln für das Zusammenleben diktiert, an die wir uns zu halten haben.

Dass wir Menschen solche Regeln aufstellen, zeugt allerdings von Weisheit. Du wirst feststellen, dass in allen Religionen die gleiche Sehnsucht nach Sinn über das Leben hinaus (→ DER SINN DES LEBENS) sowie nach einem friedlichen Zusammenleben der Menschen im Diesseits ausgedrückt ist, wobei die Indianer offenbar weniger detaillierten Klärungsbedarf hatten als wir Spartaner und Beduinen. Du wirst daher vermutlich die Religion der Indianer liebenswerter finden – und weiser.

Glauben, gleich welcher Art, schafft Ordnung und bietet Trost. Ob du dich dabei an Sitting Bull und seine Ältesten hältst oder die Stoiker oder du stark genug bist für eine unbequeme Philosophie, ist fast unbedeutend. Deine Hoffnungen oder Gebete kommen an der gleichen Stelle an. Und was das Jenseits betrifft, kannst du getrost davon ausgehen, dass nichts verloren geht. Wohin sollte es?

Zugegeben, das, was du »Ich« nennst, wird dabei möglicherweise nur in der Erinnerung jener weiterleben, die dieses Ich gekannt haben; aber da du unvermeidlich irgendwann herausfinden wirst, ob es ein Leben nach dem Tod gibt, lass diese Frage ganz entspannt auf dich zukommen. Und wende dich stattdessen dem Leben zu, dem Tag, dem → JETZT. Denn das Gestern soll dir nur als Erinnerung dienen, damit du Richtiges wiederholst und Fehler eben nicht, und alles Morgen ist optimistische Gedankenspielerei.

Höhere Mächte *sind,* ohne Einschränkung. Die Götter sind ebenfalls, allerdings Menschenwerk. Wer behauptet, sie besser zu kennen, getroffen zu haben oder zum Diktat bei ihnen gesessen zu haben, dem solltest du also mit gesunder Skepsis begegnen. Es könnte gut sein, dass er entweder schlecht hört oder einfach ein gnadenloser Aufschneider ist.

Glauben kannst du alles, was dich tröstet oder es dir leichter macht, deinen Weg zu gehen – der gerade dann kein leichter Weg sein wird, wenn du Mitgefühl im Herzen trägst und die verständliche Sehnsucht nach Liebe. Dass die Mächte, die dich geschaffen haben und leben lassen, ewig und fortwährend für Wunder sorgen (zum Beispiel das alltägliche Wunder deiner Existenz), daran musst du nicht glauben. Denn das weißt du ja.

J. C.

Über Jesus muss man nicht viel wissen. Allerdings muss man das wissen, was einem die Religionslehrer leider nicht sagen, jedenfalls nicht laut und deutlich, und die komischen Kirchengestalten erst recht nicht. Eines nur, nämlich: Jesus war der größte Revolutionär, den die Welt je gesehen hat. Völlig unerheblich ist dabei die Frage, ob er tatsächlich »gelebt« hat, ob irgendwas von dem, was in der Bibel steht, im journalistischen Sinn »wahr« ist, und noch viel unerheblicher ist, ob Jesu biographische Daten bei den ägyptischen Erfindern des alten Horus abgekupfert waren. Entscheidend ist, dass Jesus immer noch lebt, weil seine Idee lebt. Und was ist das für eine Idee!

Jenseits aller ihm zugeschriebenen Regeln, Gebote und so fort hat Jesus vor allem eins gesagt:

Du bist frei.

Vor allem bist du frei, Entscheidungen zu treffen, und das in jeder Sekunde deines Lebens. Klingt selbstverständlich für geborene Demokraten wie uns, woraus du dann auch gleich ableiten darfst, dass Jesus die Demokratie erfunden hat. Seine Idee war nämlich ganz neu und ganz und gar unerhört, als er sie aussprach in einer geordneten Welt voller Sklaven und Geburtsrechte. Jesus war der Erste, der darauf bestand, *jeder* Mensch sei frei.

Du bist durch nichts verhindert, dich großartig zu verhalten, im Rahmen deiner Möglichkeiten. Und genauso wenig bist du gehindert, dich beschissen zu verhalten. Es ist deine Entscheidung und deshalb ist beschissenes Verhalten auch nicht zu entschuldigen. Cineastisch gesagt: Welche Seite der Macht du wählst, was du tust, ja sogar was du worüber *denkst* und ob du dein Leben für eine gute Sache oder eine miese führst, liegt allein bei dir. Darth Vader oder Luke? Your call.

Verschweigen wir, dass die Interpreten des grandiosen Revoluzzers alles vermasselt haben, von den Kreuzzügen bis zur evangelischen Hochzeitszeremonie auf dem Lande. Verschweigen wir das alles, es ist kein schönes Thema. Vergiss die Kirche.

Mir persönlich waren die Vorgänger Jesu, die Stoiker, immer erheblich sympathischer als die Nachfolger des Revoluzzers. Bei den Stoikern war alles immer sauber geordnet, der → KOSMOS fand Berücksichtigung, zum Glück, was er bei den Christen eher gar nicht tut, am Ende war man gut aufgehoben, im Leben wie im Tod. Aber eben dort, wo einen das Schicksal hingestellt hatte, womit auch schon die größte Schwäche dieser Denkart beschrieben ist.

Dir wird auf dem Weg zum → SINN DES LEBENS auch der Buddhismus gefallen, weil er bei nicht allzu genauer Betrachtung so wunderbar wenig verlangt und so schön friedlich ist, aber wenn du ganz genau hinsiehst, wirst du feststellen, dass Jesus, im Kern, den entscheidenden Schritt weitergeht als der Buddhist. Den musst du nicht machen, denn er tut weh. Aber du musst ihn kennen und verstanden haben.

Ob Jesus nun tatsächlich gelebt hat oder eine gelungene Erfindung war: Der Mann hat die Latte unglaublich hochgelegt und – was entscheidend ist – dein mögliches Scheitern berücksichtigt und gleich mal vorneweg vergeben. Gemessen wirst du allein an deinem Bemühen und niemand, nicht du und nicht irgendwer sonst, kann sein wie Jesus. Wenn Goethe über seinen sterbenden Faust schreibt, »Wer immer strebend sich bemüht, den werden wir erlösen« und seinen gescheiterten Gescheiten so dem Teufel von der Klinge springen lässt, dann fasst er damit den Kern in Worte. Denn darum geht's, täglich. Zu wissen, was richtig ist, und sich zu bemühen, nach Kräften, danach zu handeln. Zu scheitern und sich wieder zu bemühen. Ein Leben lang.

Du wirst leiden, wenn du das versuchst. Du wirst nicht leiden wie Jesus, aber du wirst leiden. Mehr als der Buddhist, der zwar weiß, dass Leben Leiden ist, das aber auf dem Weg ins Nirwana gar nicht so schlimm findet.

Du wirst es schlimm finden, für dich. Jesus fand es schlimm, für sich. Aber er wusste, dass es keinen anderen Weg gibt, und darin lag sein Trost. Lass Liebe deinen einzigen Leitstern sein, sei nachsichtig, vergib alles, was du kannst, und sei dir immer im Klaren darüber, dass du frei bist. In jeder Sekunde deines Lebens.

Und sollte man dich am Ende ans Kreuz schlagen nach einem Leben geprägt vom Bemühen zu lieben, und solltest du immer noch trotzig das einzig Wahre konstatieren, nämlich: »Und trotzdem liebe ich«, sei versichert, dass du nicht verloren gehst. Denn auch hier treffen sich Jesus, seine buddhistischen Freunde, die Stoiker, Planck und die Quantenphysiker in einer fundamentalen Gewissheit: In diesem → KOSMOS geht *nichts* verloren.

Jetzt

Herr Kalidasa hatte schon etwa 1 600 Jahre vor uns recht, als er für uns notierte: »Gib Acht auf diesen Tag! Denn er ist das Leben, das wahre Leben des Lebens. In seiner kurzen Dauer ruht alle Wahrheit und alle Wirklichkeit deiner Existenz: die Seligkeit des Wachseins, der Ruhm der Tat, die Herrlichkeit der Leistung. Denn Gestern ist nur ein Traum und Morgen nur eine Vision. Aber heute gut gelebt, macht jedes Gestern zu einem Traum des Glücks und jedes Morgen zu einer Vision der Hoffnung. Darum gib Acht auf diesen Tag. Dies sei dein Gruß an jede neue Sonne.«

Case closed. Das Heute, das Jetzt ist alles, was wir haben. Existenzialistische Pop-Philosophen haben daraus allerdings noch mehr gemacht, sinngemäß: Denk nicht nach vorn und nicht nach hinten, denn da wir das Vergangene nicht wiederherstellen können, sind sogar angenehme Erinnerungen zu vermeiden, machen sie doch nur unglücklich, weil der Zustand, den sie heraufbeschwören, nicht wiederherstellbar ist. Lebe ausschließlich im Jetzt!

Das ist Unsinn – beziehungsweise wohlklingendes Gesumme, gültig ausschließlich für Mönche, Milliardäre und Asoziale. Denn wir Normalsterblichen mit unseren Weltverbessererwünschen, unseren Kindern und Verantwortungen kommen mit dem »Ich leb dann mal immer ausschließlich genau jetzt!« und »Ich bin so frei!« nicht viel weiter als bis in Teufels Küche.

Aber recht hat Kalidasa doch. Denn die meisten von uns leben *ausschließlich* im Gestern und Morgen und finden *nie* ins Jetzt, nicht mal eine halbe Stunde täglich. Diese aber ist entscheidend für unser gesamtes Befinden; dieses bewusste, aber zeitlich begrenzte Aussteigen aus jedem Hamsterrad, aus allen Frage- und Antwortspielen, aus dem Zeitstrom, aus dem, was wir »Ich« nennen – hinein ins Jetzt, um uns zu erden und unser Bewusstsein wiederherzustellen, wer wir sind, was wir sind, wo wir sind und was wichtig ist.

Darum lebe gedanklich nicht permanent im Jetzt, aber tagtäglich wenigstens einmal, so alltäglich, wie du dir die Zähne putzt. Tust du beides, hast du allerbeste Aussichten auf langlebige Zähne – und auf fundamentale Ruhe.

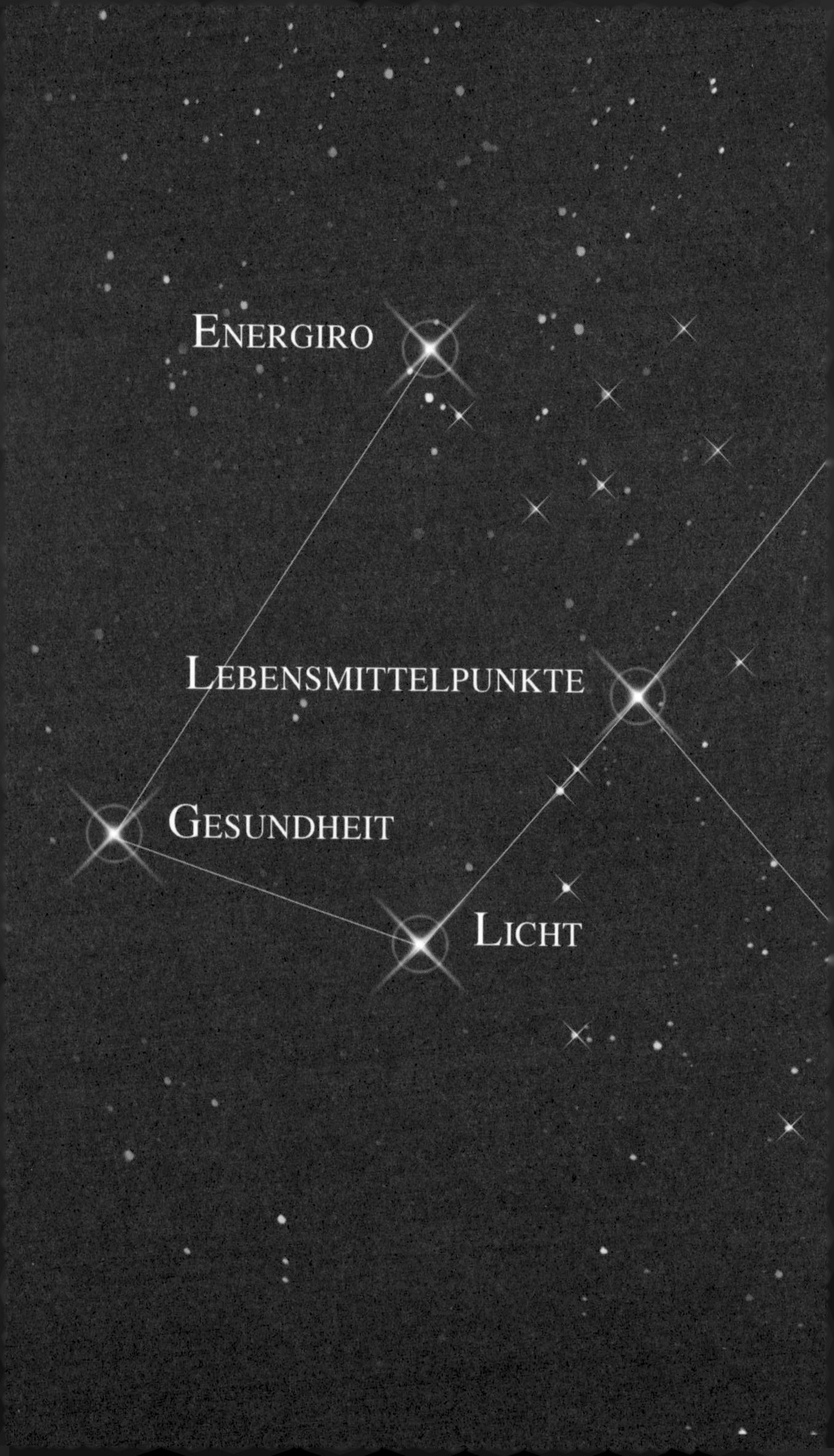
Energiro
Lebensmittelpunkte
Gesundheit
Licht

Wasser
Natur B (Drin)
Natur A (Draussen)
Wachstum

Wachstum: Freie Platzwahl

Gestatte mir ein paar Bemerkungen zu meiner alleinstehenden Lieblingseiche sowie den Jungs aus dem Kieferngroßraumbüro, denen ich seit meinem sechsten Geburtstag circa einmal pro Jahrzehnt einen Besuch abstatte. Die Eiche, die ich meine, steht allein in leicht hügeliger Feldlandschaft und ist ein atemberaubender Anblick. Man sieht sie von mehreren Landstraßen aus, weit weg, und man hält am Straßenrand, um sie zu bewundern. Sie ist prachtvoll gewachsen, mit dichtem Laubkleid bis fast zum Boden, und stünde sie nicht so weit entfernt von allen Parkplätzen und Wegen, sie wäre vermutlich ein Wallfahrtsort für empfindsame Menschen.

Könnte sie uns ihre Geschichte erzählen, wär's vermutlich der Bericht eines harten Lebens, über einen langen Weg ohne Begleitung, ohne nahestehende Verwandte. Und wenn wir diesem Bericht fasziniert lauschen, hören wir zwischen den Zeilen die vielen Berichte von weniger glücklichen Eichen. Die nicht majestätisch irgendwo stehen, sondern ihr ehrgeiziges Vorhaben mit dem frühen Ableben bezahlten, in Höhe von 4 Metern, gekillt vom Frost oder einem Sturm.

Der Gegenentwurf sind die Kiefern. Wenn du nächstes Mal in einem größeren unordentlichen Waldstück bist, schau gelegentlich nach oben (bleib vorher stehen), dann wirst du garantiert irgendwo eine Reihe von hübschen, drei Meter hohen Christbäumen sehen, die auf einem dreißig Meter hohen Pfahl stehen, ihrem langen, fast nackten Stamm. Je dichter die Jungs beisammenstehen, desto nackter werden sie untenrum sein, und vermutlich stehen ein paar Leichen dazwischen, die niemand abgesägt hat, Verlierer, jene, die nicht mithalten konnten.

Das Leben in großer Nähe zu Artverwandten hat Vorteile: Man ist dem Wind und der Kälte nicht so sehr ausgesetzt, man kann sich beinahe aneinander lehnen. Der Nachteil ist, dass man mit den anderen um Licht, Wasser, Sonne konkurriert. Wer sich ein herrlich buschiges Kleid zulegt, das bis zum Boden reicht, verliert. Die anderen wachsen dir über den Kopf, du kriegst keine Sonne ab – und bleibst tot auf der Strecke.

Der Wettlauf um die lebensnotwenigen Dinge erzeugt diese seltsamen Formen (nicht nur bei den Kiefern): Am Ende stehen sie unsicher, auf zu langen nutzlosen Pfählen, wiegen sich in jedem Windstoß, um nicht abzubrechen, und hängen mit ihrem kleinen bisschen Christbaum am Leben, dem Licht dort oben. Besonders schön ist das nicht, aber mir nötigen diese Jungs dennoch Respekt ab. Sie mussten Kompromisse machen, viele Kompromisse, um zu überleben. Hörst du sie schimpfen über uns? Sie hatten keine Wahl.

Du bestimmst genauso wenig wie ein Baum, wohin du geboren wirst. Hast aber im Gegensatz zum Baum Wurzeln, auf denen du laufen kannst. Und damit die Möglichkeit, den Ort, an dem du zu voller Größe heranwächst, selbst zu bestimmen. Du kannst wählen, was du sein willst: Eiche oder Kiefer, ganz allein, fast allein oder im Rudel. Du kannst dich selbst verpflanzen. So weit deine Wurzeln das mittragen. Wie flexibel die sind, kriegst du auf dem Weg von selber raus.

Denn an welchem Ort *du* überleben und am besten gedeihen kannst, sagt dir leider niemand. Die Antwort findest du nur in deinem Herzen. Aber lass dir nie von den anderen Kiefern (oder der Eiche) einreden, du hättest nicht die

Möglichkeit, den Kiefernwald oder das freie Feld aus freien Stücken zu verlassen. Dir sind, was deinen Aufenthaltsort im psychischen wie im physischen Leben betrifft, keine Grenzen gesetzt.

Natur A (die da draußen)

»Mutter« klingt sanft, liebevoll und freundlich, deshalb fällt »Mutter Natur« unter irreführende Werbung, geboren aus der bezaubernden Phantasie derer, die noch nie draußen übernachtet haben. Es hilft uns aber alltäglich und lebenslänglich, zu wissen, dass Mutter Natur ihrem Wesen nach doch eher einer Herbergsmutter mit Tourettesyndrom ähnelt.

Wie? Nein, das ist doch kein Vorwurf! Wir werfen doch auch nicht der alles Leben spendenden Sonne vor, dass sie uns verbrennt. Dafür kann doch die Sonne nichts. Wir werfen doch auch nicht dem Meer vor, dass es Menschen ertränkt, die, wenn das Meer 30 Meter zurückweicht, Muscheln sammeln gehen, statt vor der sich ankündigenden Flutwelle zu flüchten. An unserem Tod durch Ertrinken oder Hautkrebs trägt die Natur keine Schuld. Die tragen wir allein, wenn wir uns nicht ausreichend vor ihr schützen. Lies daher richtig, nämlich im alten Wörterbuch: Naturschutz ist Schutz *vor* der Natur. Denn Natur schert sich nicht mal einen Dreck um unsere Ansichten.

Kurz: Mach dir um die Natur keine allzu großen Sorgen, denn wenn wir ihr endgültig zu nahe treten (indem wir zum Beispiel das ganze Öl aus ihrem Bauch abfackeln und in die Atmosphäre jagen), bringt sie uns einfach um. Ohne Rücksicht und ohne mit der Wimper zu zucken, die sie ja eh nicht hat. Die Natur ist ein großartiges Wunder. Aber halte sie nicht für nett. Falls du dich bei diesem Gedanken erwischst, schlaf draußen.

Natur B (die da drin)

Wenn einer davon spricht, etwas sei »gegen seine Natur«, also gegen sein »Wesen«, klingt das nach einem falschen und mühsamen Weg. Manchmal müssen wir zwar etwas »gegen die Natur« da draußen tun, zum Beispiel uns Dächer über die Köpfe bauen, aber: »gegen unsere eigene Natur« – das wäre blödsinnig, denn etwas zu tun, was unserem Wesen nicht entspricht, das wäre doch reine Zeit- und Energieverschwendung, also falsch.

Wir können uns daher wohl darauf einigen, dass wir nichts tun sollten, was gegen unsere Natur ist – allerdings *nur,* sofern wir uns über das Wesen unserer eigenen Natur tatsächlich im Klaren sind. Und genau hier wird unser Gefühl uns manchmal schmählich im Stich lassen. Die »innere Stimme«, auf die zu hören uns die Mystiker dann gern raten, ist nämlich oft eben nicht unsere *eigene,* auch wenn sie so klingt, und wir brauchen Stille und gute, sehr offene Ohren, um zu erkennen, ob hier unsere »Natur« spricht, unser »Wesen« – oder ein ganz anderes.

Es gilt nämlich von Geburt an: Jeder hat das Recht auf keine eigene Meinung. Die meisten halten zwar ihre geborgten Überzeugungen für die ihren, für ihre »Natur«, aber das soll dir nicht passieren, denn dir steht qua Klugheit und Furchtlosigkeit der Weg zu Schönerem offen.

Wir durchlaufen, was unsere Urteile betrifft, im Leben idealerweise drei Phasen. In der ersten wissen wir wenig und übernehmen notgedrungen die Ansichten anderer – die von Eltern, Lehrern, Älteren. Wir machen uns diese Ansichten zu eigen und halten sie für »unsere Natur«. Weshalb es uns so schwerfällt, sie in der zweiten Lebensphase als Fremdeigentum zu erkennen – und zu überprüfen, ob sie überhaupt zu uns gehören. Niemand trennt sich gern von Besitz. Notwendig ist es allerdings, denn nur so kommen wir zu eigenen Einschätzungen: indem wir uns selbst mit gehöriger → SKEPSIS begegnen. (→ ERZÄHL DICH UM)

In der dritten Phase geben wir dann weiter. Entweder Genuines, also unsere eigenen Erkenntnisse, oder das, was man uns in der ersten Phase eingehämmert hat – fremdes Denken und Fühlen.

Finde also »deine Natur«, ehe du Wege nicht einschlägst, weil sie einer Natur nicht entsprechen, die gar nicht deine eigene ist, sondern eine geborgte. Deine Natur ist möglicherweise etwas ganz anderes. Erst wenn du diese deine tatsächlich eigene innere Stimme hörst, folge ihrem Rat. (Soweit es sich mit dem Gesetz vereinbaren lässt oder du davon ausgehen kannst, dass du nicht erwischt wirst.)

Wasser

Wozu Worte verschwenden auf das Element, in dem alles Leben entstanden ist, das unseren Planeten zu zwei Dritteln bedeckt und aus dem wir zu zwei Dritteln bestehen? Sagen wir's in aller gebotenen Kürze und für unters Kopfkissen so: Wasser ist allgegenwärtig und natürlich – in seiner seltenen salzlosen Form – für uns überlebenswichtig. Aber obwohl wir Meerwasser weinen und schwitzen, vertragen wir es nicht als Getränk. Aber damit endet das Mysterium nicht. Nicht genug damit, dass Wasser im Gegensatz zu Erde, Feuer und Luft temperaturabhängig verschiedene Aggregatszustände kennt (gasförmig als Dampf, fest als Eis, flüssig als Wasser) und in all seinen Extremformen für uns ausgesprochen tödlich sein kann, es verhält sich zudem sogar völlig absurd und überhaupt nicht nach irgendwelchen Regeln, die wir so gern entdecken und dann Naturgesetze nennen.

Flüssigkeiten ziehen sich bei Kälte zusammen, Wasser dehnt sich aus (um etwa 10%). Benähme Wasser sich normal, also wie alle anderen Elemente, würde gefrorenes Wasser sinken, was zwar in Cocktails lustig aussähe, für unsere Existenz aber gravierende Folgen hätte.

Es ist einerseits leicht, die zwei Wasserstoffatome in einem H_2O-Molekül von dem einen Sauerstoffatom zu trennen (draufhauen reicht), andererseits aber verdammt schwer, die getrennten Atome daran zu hindern, sich sofort neue Partner zu suchen. Rückschlüsse auf unser Beziehungsverhalten sind zulässig, zudem könntest du für einen coolen Vorschlag zur eleganten Atomtrennung zwei Nobelpreise und einen Maserati in Rechnung stellen.

Zuletzt aber (und deshalb zuerst) sucht Wasser nach dem kosmischen Idealzustand, nämlich der Kugelform (→ IN UNSEREN KREISE UND KUGELN) – und ist auch in dieser Hinsicht allen anderen Elementen überlegen. Weshalb du die Nähe des Wassers suchen solltest, so du dich jemals versehentlich zu weit von allen Idealzuständen entfernt hast. Ich weiß, du hast Respekt vor Wasser. Aber falls du dich je mit dem Kosmos in Einklang bringen musst oder dringend einen gesunden Austausch von ein paar Milliarden Zellen brauchst, begib dich ausdauernd in die salzige Variante des verblüffendsten Elementes von allen und lass dich runderneuern.

Licht

Kann sich ja bekanntlich nicht entscheiden, ob es Wellen- oder Teilchennatur hat, solange man es nicht scharf ankuckt und so zwingt, Farbe zu bekennen. Was für Naturwissenschaftler irritierend ist und bleibt, kann uns alltäglich wurscht sein, solange wir zwei, drei Kleinigkeiten im Hinterkopf behalten. Erstens, dass ohne Licht alles nichts ist. Ohne Licht: keine Farben. Ohne Farben: Keine Ahnung, welches von diesen ganzen grauen Gemüsen besser schmeckt und welches Kleid dir besser steht. Je nachdem, mit welcher Frequenz Licht daherkommt, hat es mehr oder weniger Energie (und eben unterschiedliche Farben), blaue Energie schwingt höher als gelbe schwingt höher als rote. Was unter echtem Sonnenlicht wächst, hat nachweislich mehr Energie als Kunstlicht- oder Treibhausgewächs, aber unsere Altvorfahren haben auch schon ohne dieses überflüssige Quantendetailwissen ihr ganzes Leben nach dem Licht, sprich, der Sonne ausgerichtet. Unsere Lichtgestalt heißt nicht Beckenbauer, sondern Sonne, und ihr verdanken wir unser Leben, jeden Tag wieder. (Weshalb wir unseren Licht- und Heilsbringer bevorzugt am Tag der Wintersonnenwende feiern, also am 24. Dezember.) Aber nicht nur mittels des mittellangen Zyklus (den wir »Jahr« nennen) hat der Kosmos freundlicherweise einen Reminder an unseren virtuellen Kühlschrank geklebt, sondern auch noch einen täglichen dazu, qua Erdposition und -rotation: Der selbstverständliche Sonnenuntergang und -wiederaufgang sei dir daher eine stete Erinnerung daran, dass alles vergeht und wiederaufersteht – und nichts verschwindet.

In nuce: Wenn's dir nicht gut geht, suche das natürliche Licht.

PS: $E=mc^2$ sieht gut aus auf Postern, am besten neben der wirren Frisur und der rausgestreckten Zunge, aber die Bedeutung dieser kleinen griffigen Formel erklärt einem irgendwie keiner (außer wenn man Physik studiert und komische Pullover trägt). Da der Kern der Formel aber weit über die Physik hinausweist, merken wir uns doch mal dies: Da Energie ihr Äquivalent in Masse mal Lichtgeschwindigkeit im Quadrat findet, befindet sich in deinem 55-Kilo-Körper die potenzielle Energie von etwa 40 gut gebauten Atombomben. Glücklicherweise kann man diese Energie nicht entfesseln, nicht mal, wenn man dich wirklich ärgert, aber hier hört der Scherz auch schon auf. Tatsächlich besagt Einsteins Erklärformel nichts weniger als: In jeder Materie sind ungeheure Mengen an Energie gebündelt, in jeder dieser Riesenmateriesammlungen, die wir »Mensch« nennen, erst recht unfassbare Mengen, und falls dir mal jemand spottend oder sonst wie esoterisch kommt und dich als »Lichtwesen« bezeichnet, gib ihm einfach naturwissenschaftlich recht.

Gesundheit

Es ist verblüffend schwer, seine Gesundheit gebührend zu schätzen, denn wer gesund ist, merkt davon relativ wenig. Nur wer erkrankt, erkennt plötzlich den Wert dessen, was er verloren hat – was dann oft dazu führt, dass er auch noch missmutig wegen seiner eigenen vorherigen Blödheit wird. Was dann wiederum ganz und gar nicht gesundheitsfördernd ist.

So schwer es ist: Stell dir ab und zu vor, Krankheit wäre der Normalzustand. Stell dir vor, du wärst krank. Geh notfalls zu einem Kranken und stell dir für eine halbe Stunde vor, du stecktest in seiner Haut, ganz konkret, in den täglichen Verrichtungen. Betreibst du diese Übung mit auch nur mäßigem Ehrgeiz, wirst du deine Gesundheit immer wieder neu entdecken und immer wieder neu zu schätzen wissen.

Sollte sie dich aber doch einmal verlassen, sei darauf vorbereitet, dich selbst zu heilen. Man kann sicher darüber streiten, ob Menschen selbst (mit)verantwortlich für ihre Krankheiten sind, aber dass sie selbst (mit)verantwortlich für ihre Heilung sind, ist gewiss. Schon ohne deine Aufmerksamkeit ist dein Körper permanent erfolgreich damit beschäftigt, sich selbst in Ordnung zu halten, fiese Zellwucherungen rauszuschmeißen, Viren und Bakterien zu eliminieren und alles, was du zu dir nimmst, an die richtigen Stellen zu sortieren. Ist unser Körper dann aber doch mal überfordert, also krank, sind wir gut beraten, ihm mittels Aufmerksamkeit zu assistieren und zu »visualisieren«, wie unsere innere Ordnung wiederhergestellt wird – denn das ist der größte Beitrag, den wir zu unserer Genesung leisten können.

Viele Wissenschaftler sehen das anders. Die halten primär Medikamente und Behandlungen für verantwortlich, wenn ein Mensch wieder heil wird und haben natürlich recht, in Extremfällen: Niemand sollte versuchen, Cholera allein mit Homöopathie und guten Gedanken zu bekämpfen. Frag dich dennoch bei Gelegenheit, wieso einige Menschen auch *ohne* Medikamente und Ärzte wieder gesund werden. Das nämlich ist der Punkt, den die Wissenschaft geschickt verschleiert, indem sie wie ein Ankläger die Beweislast umkehrt. Trotzdem gilt: Solange Krankheit X auch nur bei *einzelnen* Menschen ohne Medikamenteneinsatz abklingt, sind bei *allen* an X Erkrankten nicht allein Medikamente ursächlich für die Heilung.

Allerdings sind Medikamente fraglos wirksame Placebos. Der Glaube an sie, eine gesteigerte Form von Aufmerksamkeit (→ Aufmerksamkeitsrelation), verleiht ihnen große Energie und kann Menschen helfen, heil zu werden. Ebenso wie der Glaube an Götter, vegetarische Ernährung oder Globuli (letztere helfen allerdings nicht gegen Cholera).

Erinnern wir uns bitte: »Ich«, Raum und Zeit sind relativ, was nichts weiter bedeutet, als dass alles nur eine Frage des eigenen Standpunktes, der eigenen Position relativ zu allen anderen bewegten und scheinbar unbewegten Gegenständen ist. Einstein ist Pippi Langstrumpfs Bruder: Wir *alle* machen uns die Welt, wie sie uns gefällt (→ Der Sinn des Lebens), und die Physiker von Planck bis zu den jüngsten Hadronenzusammenwerfern wissen längst genau, dass wir nichts wissen, sondern alles ganz entschieden Ansichtssache ist.

Das ist zwar nicht sonderlich originell, sollte dir aber bewusst sein, sofern du gelegentlich mittels irgendwelcher Substanzen gesund werden möchtest.

Der Placeboeffekt ist mehr als ausreichend dokumentiert, wird aber gern raunend unter den Tisch geschwiegen, weil bislang eine rationale Erklärung dafür fehlt. Dennoch gilt: Placebo ist überall. Und so hilft alles besser, woran Behandler wie Behandelte möglichst fest glauben. Der Glaube – egal, woran – versetzt gelegentlich Berge.

Also stell dich manchmal dümmer, als du bist, und glaub einfach an irgendwas. Es kann nur nützen, aber nicht schaden.

Lebensmittelpunkte 1–3

Iss: bunt, langsam, nicht so viel, am Tisch, Natürliches, Verderbliches. Verzichte auf alles schlecht Gelaunte sowie auf Milch. If man made it, don't eat it. Das war schon alles Wichtige, weiter zur nächsten Überschrift … oder, na gut, ein paar dürre Sätze dann doch …

Im Grunde könnte dich nur permanente Übelkeit, Fettleibigkeit oder noch Blöderes motivieren, diese paar Absätze zu lesen, also hoffe ich, du liest sie nie. Denn solange wir gesund, schlank und fröhlich sind, fragen wir uns ja eher selten oder nie, was wir tagtäglich essen und trinken. Aber wir können ja mal so tun, als wären wir vernünftig oder gar weitsichtig.

Viele vergleichen die Nahrungsaufnahme mit dem Tanken. Tanken ist Pflicht, sonst läuft die Maschine nicht. Der Vergleich hinkt kein bisschen, denn die meisten tanken bewusster, als sie ihre Speisen auswählen. Kaum einer würde seinen Superbenzinermotor mit irgendeinem albanischen No-Name-Sprit vollpumpen, in dem vielleicht auch noch ein bisschen Bootslack drin ist. Wir aber braten uns was in Distelöl, trinken Lactobazillen-Joghurt oder essen Tilapia-Fische. Letztere fressen alles, bevorzugt Müll, Ersteres eignet sich prima zum Lackieren, und heil durch den Magen in den Darm kommen nur – eben, Darmbazillen, vulgo: Exkremente. Wer weiß, was drin ist, leert seinen Joghurt nicht mehr aus, jedenfalls nicht in sich selbst. Man muss im Leben Abstriche machen, aber man muss sie nicht trinken.

Zugegeben, es kostet ein paar Stunden Zeit, sich darüber klar zu werden, was man eigentlich isst und trinkt. Aber darüber hinaus brauchst du nur eine Lupe für die kleingedruckte Zutatenliste und eine Portion Skepsis für die unverfänglichen Begriffe (schlag mal Hefeextrakt nach).

Zu dreien der oben hingeworfenen Stichworte gestatte mir ein paar zusätzliche Worte. 1) *Schlecht Gelauntes nicht verzehren!* Das gilt auch für schlecht gelaunte Tomaten und andere Gemüse, also solche, die unter Plastik und auf Steinwolle wachsen, besonders aber für das Fleisch anderer Lebewesen. Frutarier, Veganer, Vegetarier verdienen unseren Respekt, denn sie verringern fraglos das Leid auf diesem Planeten. Es ist schändlich, leidensfähige Lebewesen umzubringen, noch schändlicher, sie nach dem Killen aufzuessen, und Vitamin B12 kann man problemlos anders zu sich nehmen als in Form von Steaks. Überdies verraten unsere Gebisse, dass wir, stammesgeschichtlich betrachtet, keine Fleischfresser sind. (Guck mal genau hin – hast du Reißzähne? Falls ja: ab zum Zahnarzt). Es gibt daher kein echtes Überlebensargument für den Verzehr von Filets, außer diesem gewichtigen: Sie schmecken. Das ist doch immerhin ein ziemlich guter Grund, sie zu essen. Sofern sie gut gelaunt sind. Oder waren.

Bedenke aber im Zusammenhang mit dem Verzehr von Ex-Lebewesen, dass jede Zelle unseres Körpers aus etwas besteht, das wir zu uns genommen haben. Woraus auch sonst? Nichts im Leben ist beständig, alles ist immer im Fluss, in Bewegung. Das gilt natürlich auch für deinen Körper, nicht nur, wenn du ihn beim Handballspielen oder Tanzen durch die Gegend schleuderst, sondern elementar und molekular.

Die Lebens-, Nahrungs- und Genussmittel, die wir zu uns nehmen, sind entweder neutral, transportieren Freude oder Leid. Welche Menge an Leid dein Körper gefahrlos zu sich nehmen kann, hängt daher auch von deinen Lebensumständen jenseits des Steakhauses ab. Die Zukunft wird hier einige Fortschritte bringen, nicht nur in Form von Fleisch aus dem Reagenzglas. Vielleicht kommt ja auch jemand auf die Idee, glücklich gewachsenen, grasgefütterten Rindern kurz vor ihrem natürlichen Lebensende Witze vorzulesen, während ein Kollege sie von hinten erschießt; damit wäre das Leid jedenfalls einigermaßen vom Tisch und Braten gäb's endlich wieder nur sonntags.

2) No milk today! (Und morgen auch nicht.) Wird ein Zwölfjähriger von seiner Mutter öffentlich gestillt, finden wir das instinktiv seltsam oder obszön, jedenfalls unnatürlich. Dennoch sind unsere Supermarktregale randvoll mit Muttermilchprodukten. Sofern wir die zu uns nehmen, übersehen wir wenigstens dreierlei: 1) Es handelt sich um Säuglingsmundraub, denn die Milch, die wir trinken, entgeht dem Kalb (das mit Zucker gemästet wird, während Mutti in der Illusion lebt, was da gierig an ihren Zitzen hängt, sei Kindesmund, nicht Saugroboter. 2) Was »frisch«, »längerfrisch« oder »H« in unseren Regalen steht, kommt auf dem Planeten Erde natürlich nicht vor. Muttermilch wird nach spätestens zwei Tagen sauer und ungenießbar, unsere »Milch« ist das Produkt von Erhitzung, Sterilisierung sowie zentrifugaler Molekularzertrümmerung und -neuzusammensetzung, eine Substanz, die sämtliche innerkörperlichen Membrane durchdringt und unerkannt für viele interessante Krankheiten sorgen kann. 3) Erwachsene Gorillas reißen auch ohne Milchkonsum Bäume aus (und müssen nie wegen Osteoporeose zu Daktari). Da tritt dann die Geschmackfrage in den Hintergrund (beantwortet sich aber ebenfalls von selbst, sofern du mal ein halbes Jahr auf Milch verzichtest und danach versuchst, welche zu trinken. Dann nämlich wird dir schon vom Geruch so übel wie vom Anblick der oben erwähnten Jugendlichenstillerin).

3) *If man made it, don't eat it.* Klingt radikal spaßfeindlich, hat aber Hand und Fuß. Ohne nun auch noch hier allzu tiefsinnig werden zu wollen: Der menschliche Körper ist großartig und bewundernswert konstruiert, aber längst nicht

so fix und anpassungsfähig wie z. B. die von Menschen erfundene Nahrungsmittelindustrie. Bevorzuge daher Klassiker, nicht nur bei der Lektüre, auch beim Essen. Nur sehr wenig von dem, was Lebensmitteldesigner sich alles einfallen lassen, ist tatsächlich zum Verzehr geeignet, also handle nach dem Merksatz: Wenn auf der Zutatenliste irgendwas steht, was ein Achtjähriger nicht unfallfrei vorlesen kann, nimm es nicht in den Mund.

Energiro

Wir sind alle Energiebündel und haben das innere Potenzial, diverse Großstädte zu sprengen, aber im Alltag sollten wir uns doch erinnern, dass unser Energiekonto einem profanen Girokonto durchaus ähnelt. Damit du jeden Morgen an deinem Lebensplatz erscheinst, erhältst du ein Guthaben, und auf der Soll-Seite deines Kontoauszugs stehen all die vielen kleinen Positionen, die dich Energie kosten. Liebeskummer, Unzufriedenheit, Daueraufträge an Energievampire.

Die Ein- und Ausgänge sind nicht von Gott gemacht oder in Stein gemeißelt. Du kannst sowohl die Energiezufuhr verändern als auch den Abfluss von Mitteln, indem du deine Lebenssituation veränderst. Du kannst dir eine tägliche Beschäftigung suchen, für die man dir mehr Energie überweist, genauso kannst du deine Ausgaben kürzen, indem du die Wohnung wechselst, ein paar Abos weglässt oder den nächsten Urlaub mit dir selbst verbringst. Zudem gibt's in der Welt der Energiefinanz haufenweise Zweitjobs. Man wird zum Beispiel dafür honoriert, still auf dem Boden zu sitzen und an nichts zu denken. Oder dafür, eine halbe Stunde lang einfach nur mit geschlossenen Augen im Wind zu stehen. Oder sich auf den Rücken zu legen und in einem salzigen Meer treiben zu lassen. Man wird sogar dafür entlohnt, sich immer wieder dieselbe Musik anzuhören. Oder dafür, dass man einfach ans → JETZT denkt und nicht an gestern oder morgen. Es gibt Unmengen Möglichkeiten, seine Einnahmen deutlich zu erhöhen, und die meisten erfordern wenig Zeit und sind steuerfrei. So gesehen ist die Energiewelt das Paradies. Oder wenigstens eine Oase.

Die Schattenseite ist, dass es kein Energiesparbuch gibt. Du kannst von einem Guthaben aus einst erhaltenen Energien eine Weile leben, aber nicht von den Zinsen darauf. Energie wird weniger, wenn sie ungenutzt bleibt. Zinsen fallen allerdings an, wenn du dein Konto überziehst. Was relativ rasch passiert, wenn du über deine Verhältnisse lebst, also mehr Energie abgibst, als du erhältst.

Solltest du also ins Minus rutschen, schau dir die Ein- und Ausgänge auf deinem Konto genau an und korrigiere, was du musst, ehe das Defizit zum Dauerzustand wird. Diese Korrektur (→ ERZÄHL DICH UM) wird möglicherweise nicht angenehm, aber auch im Energieleben gilt, dass du nicht langfristig über deine Verhältnisse leben kannst. Und im Gegensatz zu deiner freundlichen Bank im Hier, die sich mit 20% Überziehungszinsen zufrieden gibt, hast du es in der Energiewelt mit Verleihern zu tun, die nicht davor zurückschrecken, dich im Insolvenzfall krankenhausreif zu schlagen oder einfach umzubringen. Sie lassen es allerdings immer wie einen Unfall aussehen oder einen natürlichen Tod durch Krankheit, Schlaganfall oder Herzinfarkt.

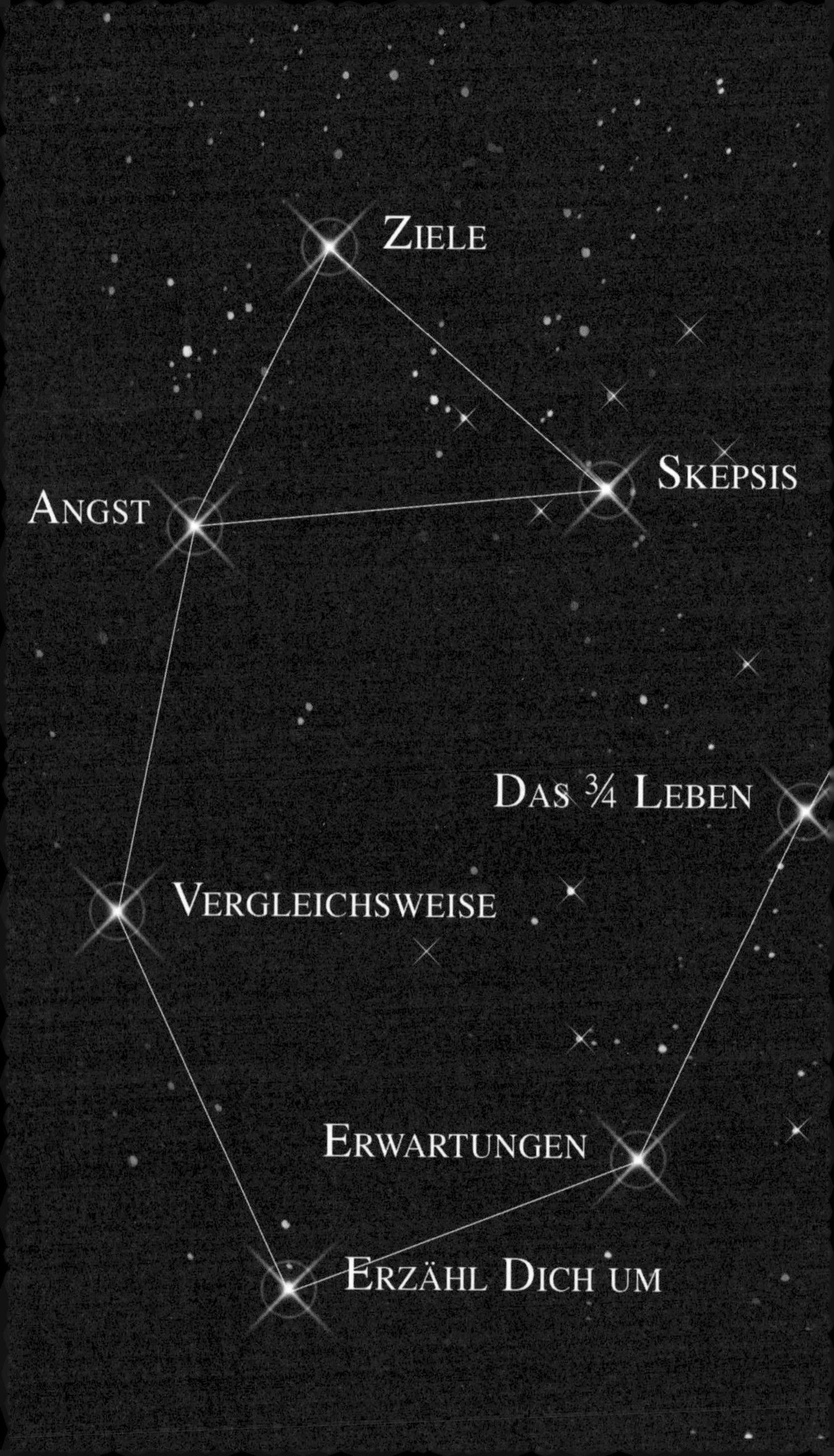
Ziele
Skepsis
Angst
Das ¾ Leben
Vergleichsweise
Erwartungen
Erzähl Dich um

Selbstgespräche
Geld
Leben ist Lernen?
Handeln und Entscheiden
Überzeugungsarbeit
Meide Experten

Leben ist Lernen?

Das wirst du gelegentlich hören, meist mit enttäuschtem Tonfall hingesagt, bestenfalls tröstendem. So ist das eben. Mit dem Leben. Man lernt. Nie aus. Lektionen für Leib und Seele, alles.

Klingt gut, oder? Stimmt aber nicht.

Denn da unsere Seelen, wie wir alle wissen (na gut, alle, die mal darüber nachgedacht haben), mit allem verbunden und unsterblich sind, wissen unsere Seelen mehr oder weniger alles. Zu lernen gibt's da wenig, wohl aber etwas zu *erinnern*.

Drum erinnere dich gelegentlich daran, dass Leben Erinnern ist. Nämlich dich selbst daran, wer du bist und welches Wissen du besitzt, tief in deinem Herzen.

Dass du das vergessen hast, ist nachvollziehbar, schließlich befindest du dich in einer außerordentlich ablenkenden Gegend. Aber vielleicht schaffst du es gelegentlich, den Lärm und die nebensächlichen Fragen deines Alltagslebens auszuschalten – und in deinen Erinnerungen zu kramen. Denen, die du eigentlich gar nicht haben kannst, weil sie aus einem Leben zu kommen scheinen, das du selbst gar nicht bewusst gelebt hast. Du wirst überrascht sein, wie genau du dich erinnerst, was wahr, gut und wichtig ist. Und wenn mich nicht alles täuscht, wirst du in diesen Erinnerungen viel Trost finden, denn sie weisen den Weg in die Zukunft.

Es gibt so vieles, was du nicht lernen musst. Du musst dich nur an das erinnern, was du längst weißt.

Ziele

Solltest du dich nicht dazu durchringen können, in den Tag hinein zu leben beziehungsweise Buddha einen guten Mann sein zu lassen (wofür du mein volles Verständnis hättest), wirst du dir vermutlich immer wieder Ziele setzen. Idealerweise erreichbare, aber durchaus ehrgeizige Ziele, denn »morgens aufstehen« wird dir als Ziel auf Dauer als Unterforderung erscheinen, während »Chefin der Uno werden« die Latte zu hoch legt und lediglich Frustration garantiert.

Ersparen wir uns also die Binsenweisheiten und wenden wir uns nur jenen Zielen zu, die erreichbar scheinen, aber nicht ohne Weiteres zu erreichen sind – von perfekt Geige spielen bis wahrhaft lieben, von Kulturpreise gewinnen bis eine glückliche Familie sein. Zweierlei solltest du dazu bedenken. Zum einen: Plane deine Vorgehensweise und mach dir im Vorwege klar, welche Schritte erforderlich sind, damit du dein Ziel überhaupt erreichen *kannst* (sofern dir dann auch Fortuna resp. das Schicksal beistehen). Diese Planung wird manchem, der alles im Leben für zufällig hält, albern erscheinen, aber nach meiner Erfahrung ist das sicherste Rezept für garantierten Misserfolg der sprichwörtliche zweite Schritt vor dem ersten, denn der führt nirgendwohin, außer auf die eigene Nase.

Wichtiger noch als diese banale Weisheit ist aber etwas anderes, nämlich der Umgang mit Zielen auf dem Weg, also nach Reiseantritt. Nehmen wir an, du hast dein Ziel ins Auge gefasst, weißt, was du unternehmen musst und was dich zum Ziel bringen wird (günstiges Schicksal vorausgesetzt), und willst nun aufbrechen. Da stehst du nun, am Ufer eines metaphorischen Flusses, und siehst dein Ziel in der Ferne, am anderen Ufer. Du weißt genau, wohin du willst, du kannst schwimmen, du bist in Form und trägst sogar den richtigen Badeanzug.

Also springst du ins Wasser und schwimmst. Nun wirst du im Lauf deines Lebens die unterschiedlichsten Gewässer kennenlernen – manche friedlich, nicht allzu breit und angenehm temperiert, andere kälter als gedacht und nicht ganz so strömungsarm, wie es vom Ufer aus wirkte. Du wirst aber auch Flüsse kennenlernen, die sich nach freundlichem Beginn auf halbem Wege als tückisch entpuppen. Und vor allem darauf musst du vorbereitet sein, bevor du überhaupt schwimmen gehst – weil du sonst wertvolle Zeit mitten im Strom verlierst und, mit etwas Pech, elend ertrinkst.

Die ersten Strudel und Strömungen in diesen besonderen Flüssen wirst du noch mit einem Achselzucken beantworten – niemand hat gesagt, es würde leicht werden, weiter geht's, kraulen! Auf den nächsten hundert Metern wirst du vielleicht merken, dass die Strömung stark ist und dass du einige Kraft aufwenden musst, um deinen Kurs zu halten und dein Ziel nicht aus dem Auge zu verlieren, und genau dies ist der Augenblick, in dem du dir sehr rasch zwei wichtige Fragen stellen und umgehend beantworten musst: Bin ich stark genug, um jetzt und hier bis zum anderen Ufer gegen diese Strömung anzuarbeiten? Wenn ja: In welchem Zustand erreiche ich mein Ziel?

Die erste Frage mit Nein zu beantworten, erfordert Selbstbewusstsein. Denn das Nein bedeutet, dass du dein Ziel nicht erreichen wirst, dass du scheiterst, und das Scheitern ist nicht nur unschön, sondern will vor jedem Versuch von Herzen einkalkuliert sein. Aber auch wenn du meinst, dass du schon irgendwie ankommen könntest, notfalls mehr tot als lebendig, solltest du das Scheitern nicht nur in Betracht ziehen, sondern als Option willkommen heißen.

Menschen wie wir, die etwas wollen, tun sich damit schwer. Nicht nur mit dem Scheitern an sich, erst recht damit, erst mitten im Fluss die Alternativen zu erkennen. Zurückschwimmen? Kommt nicht infrage, keine Option, nicht vor uns selbst (und schon gar nicht, falls da auch noch Publikum unserem Versuch beiwohnt). Also kämpfen wir weiter gegen die Strömung an, um mit etwas Glück halb tot das Ziel zu erreichen, mit etwas Pech zu ertrinken.

Dabei gibt es einen anderen, besseren Weg, und den solltest du schon vor jedem Ausflug ins Wasser in Betracht ziehen. So unwahrscheinlich es beim Versuch erscheint, ein ganz konkretes Ziel zu erreichen: Es ist manchmal verblüffend weise, sich mittendrin einfach treiben zu lassen.

Dass du dabei dein eigentliches Ziel binnen Minuten auf Nimmerwiedersehen aus dem Auge verlierst, wird dich im Herzen treffen. Aber das sollte es nicht. Denn von dem Augenblick an, in dem du dich dem Strom übergibst und nicht mehr gegen ihn ankämpfst, wirst du neue Kräfte sammeln können. Während du dahintreibst und völlig neue Ufer an dir vorbeigleiten, die du nie im Leben sehen wolltest (und die du anfangs fürchterlich unattraktiv findest), verändert sich der Strom, verändert sich der Flusslauf, und solltest du, nachdem deine Kräfte zurückgekehrt sind, aufmerksam die Uferlinie studieren, wirst du in jedem Fall einen Landeplatz finden, den du lebend erreichen kannst. Meist aber wirst du sogar wesentlich mehr entdecken, nämlich Ziele am Ufer, die dem, das du viel weiter stromaufwärts angepeilt hattest, nicht nur verblüffend ähnlich sind, sondern zudem für dich erreichbar. Du wirst dich wundern, was stromabwärts alles an wunderbaren Zielen am Ufer herumsteht. Lass es auf dich zukommen, statt mitten im Strom zu ersaufen, nur weil du nicht wusstet, welche Chance im Scheitern liegt.

(Ich ahne, was du dazu sagen wirst, schließlich kenne ich dich schon eine Weile: »Toller Tipp, sich in diesem breiten Fluss treiben lassen. Hörst du das? Das ist ein Wasserfall!« Aber da oben steht ja bewusst »Ziele«, nicht »Planschen mit Ohren unter Wasser«, und auch wenn die Metapher hundertmal windschief ist, wirst du wissen, was ich meine:)

Trau dich, dir mitten auf dem Weg zu einem von dir gewählten Ziel dein Scheitern einzugestehen; dich selbst zu enttäuschen sowie dein Publikum am Ufer, dort, wo du gestartet bist; all jene, die ebenso sicher wie du waren, dass du dein Ziel erreichen würdest. Gib nach und gib dich geschlagen, lass dich treiben und tragen von der Kraft des Flusses. Es werden neue Ziele kommen auf dem Weg und sofern du die Augen offen hältst und frei von diesem lästigen Tränenfilm, wirst du eine andere Binsenweisheit immer wieder bestätigt finden: Jede verpasste Gelegenheit gibt den Blick frei auf eine bessere.

Angst

Angst hat jeder mal, aber richtig Angsthaben ist was für Profis – eine Kunst, die zu erlernen sich lebenslänglich auszahlt.

Diffuse Angst ist ein schlechter Berater, präzise Angst ein sehr guter. Leider machen die meisten es sich mit der Angst zu einfach. Deshalb erinnere dich an unsere nächtlichen Übungen, als du noch sehr klein warst und vor Angst nicht einschlafen konntest. Wir sind damals geduldig und Schritt für Schritt das »Wieso, wovor, worum?« durchgegangen und auf dem Weg zur Quelle der Angst wurden die Schattenreiter mit den Säbeln unter den Staubmänteln, die dort auf dem Hügel im windigen Mondgegenlicht deiner harrten – zu Bettlaken.

Unternehmer kennen dieses Gedankenspiel als Worst-Case-Szenario, vulgo »Schlimmstenfalls« – und genau dies hilft in den meisten Angstfällen: Präzisierung.

Wer beispielsweise an Flugangst leidet, hat keine Angst vor dem Flug. Und auch nicht davor, dass ihm der Tomatensaft in den Schritt kippt. Sondern Angst zu sterben. Das ist der Worst Case, und der hat's ja tatsächlich in sich (außer für kernige Buddhisten). Wer sich also nicht von Statistiken beruhigen lässt, der steht zu seiner Angst – und fährt Bahn. Oder gar nicht weg.

Du hattest als Kind Angst vor Wasser. Genauer: dem Meer. Genauer: sehr viel Wasser. Genauer: Angst, in so viel Wasser zu ertrinken, also zu sterben. Das kommt nur Erwachsenen albern vor. Angst vor so viel Wasser ist verständlich. Präzisierung hilft und erlaubt dir angemessenes Verhalten, in diesem Fall: Planschen bis zu den Knien, höchstens (jedenfalls solange man noch kein »Seepferdchen« hat).

Prüfungsangst ist keine Angst vor der Prüfung. Sondern Angst vor den Folgen des Durchfallens: Zeit zu verlieren, den geplanten Job nicht antreten zu können, gesellschaftlich geächtet zu sein, in der Gosse zu enden und vermutlich zu verhungern, also zu sterben. Schon wieder. Beziehungsweise: Eben nicht, denn natürlich stirbst du *nicht,* wenn du eine Prüfung vergeigst. Prüfungsangst und verwandte Ängste (Singen vor Publikum etc.) sind daher leichter zu besiegen als Flug- und Wasserangst, denn der Worst Case ist in der Regel nicht der → TOD.

Du wirst erstaunt sein, für wie viel Verhalten Angst zuständig ist. Stell dir ein sechsjähriges Kind mit Lampenfieber vor, das – verständlicherweise – Angst hat, dass alle über seinen ersten selbst komponierten Song lachen. Was dann auch alle tun, weil der Song nasagenwirmal unterirdisch war. Meinst du, dieses Kind wird Komponist? Vermutlich nicht. Und der Schmerz über die Ablehnung wird sich – qua Kindheit, also mangels Erfahrung – anfühlen wie der Tod persönlich, jedenfalls fast. So wird unser gedachtes Kind in seiner Zukunft genau diesen Schmerz meiden wie der Teufel das Weihwasser. Und das für immer, denn während das Ereignis selbst in Vergessenheit gerät, bleibt das Gefühl der Vernichtung eingraviert in die Seele. *Ich hatte Angst vor alles vernichtendem Kummer, die Angst war begründet. Das mach ich nie wieder. Basta.*

Machte sich unser gedachtes Kind später, als Erwachsener, die Mühe der Präzisierung, wäre allerdings ungefähr dies die Folge: *Die waren link zu mir. Die waren scheiße. Ich war zu klein, um das zu schnallen. Klar war mein Song mies, aber ich war ja auch erst sechs und konnte noch nicht mal Gitarre spielen. Heute kann ich's und wenn mich wieder einer auslacht, dann braucht der offensichtlich ein Hörgerät. Und das ist höchstens bedauerlich für ihn, aber nicht für mich. Wo ist meine Bühne?*

Wenn du deine Mitmenschen aufmerksam studierst, wirst du erstaunt sein, wie viele von ihnen vor lauter diffuser Ängste nicht leben, wie sie leben könnten. Sie haben Verhaltensweisen entwickelt, die immer Reaktionen sind – früh gelernte Reaktionen zur Vermeidung von Kummer, Verhaltensweisen, die sich einst bewährt haben, inzwischen jedoch längst nichts mehr taugen. Aber da die meisten Menschen sich die Mühe nicht machen, ihr eigenes Verhalten zu hinterfragen, ihre Ängste zu benennen und zu präzisieren, stehen sie vor dir wie paralysiert, mit einem Heidenhorror davor, den Monstern ins Gesicht zu sehen, deren Atem sie Tag und

Nacht im Nacken spüren. Denn es kommt ihnen vor, als müssten sie in dem Moment sterben, in dem sie den Kopf drehen und sich diese Ängste genau ansehen.

Man möchte ihnen raten, sich ganz *behutsam* umzudrehen. Sich anzuschleichen an sich selbst. Aus dem Augenwinkel zu checken, ob da wirklich ein sieben Meter großer Oger direkt hinter ihnen steht, von dessen Lefzen schon der Sabber in ihre Kragen tropft. Oder ob's doch nur der eigene Schweiß ist, im Lebenswind.

Präzisiere. Was befürchtest du wirklich? Wieso? Was steht auf dem Spiel?

Immer wenn dich dieses mulmige Gefühl beschleicht, mach dir die Mühe, mit dir selbst geduldig und behutsam den Dingen auf den Grund zu gehen.

Meist bleibt bestenfalls ein Unwohlsein. Lampenfieber. Aber keine Angst.

PS: Vorsicht, Falle. Abgesehen davon, dass der → TOD überall lauert und am Ende nachweislich unvermeidlich ist, gibt es Experten, die bei praktisch jeder Unternehmung Todesängste entwickeln. Die fahren dann allerdings auch nicht U-Bahn (wegen der jungen Mitfahrer), machen keine Dosen auf (wegen der scharfen Ränder, mit denen man sich die Pulsadern aufschneiden kann und vermutlich wird) und gehen nicht ohne Mütze auf die Straße, nicht mal im Sommer. Wer mit derartiger Phantasie an die Worst Cases herangeht, schlottert sich konsequent durch sein Leben, bewegt sich aber darüber hinaus kaum mehr. Außer schlotternd vom Sofa ins Bett und wieder zurück. Was schade ist – gerade weil man ja nie weiß, ob nicht ein Komet das Haus trifft, in dem man sich gerade vor allen Gefahren verschanzt.

Vergleichsweise

Das einzige Feld, auf dem wir uns spaßeshalber gefahrlos vergleichen können, ist der Sportplatz. Auch dort solltest du aber bei einer Niederlage im Wettlauf gegen Usain Bolt entspannt berücksichtigen, dass wir eben nicht alle gleich sind, sondern mit unterschiedlichen Talenten an den Start gehen. Wer sich darüber ärgert, nimmt auch schlechtes Wetter persönlich.

Erst recht gilt auf allen sportfremden Laufbahnen, dass wir uns lediglich mit uns selbst zu vergleichen haben. Besitzt du gesunden Ehrgeiz, versuche deine bestehende Bestleistung im Rahmen deines Talents und der Möglichkeiten zu verbessern, aber strebe allenfalls nach Siegen über deinen inneren Schweinehund, nicht nach Siegen über andere. Diese Siege ergeben sich möglicherweise automatisch, sofern du über ausreichend Talent verfügst und deine Möglichkeiten nutzt, sind aber bestenfalls unwichtige Nebenaspekte deines Tuns. Wer sich indes beim Siegen besser fühlt, fühlt sich bei jeder Niederlage schlechter.

Jede von dir selbst erstrebte und von dir erreichte Verbesserung deiner Performance, ganz gleich, ob beim Stabhochsprung, auf der Bühne, am Herd oder in der Liebe, wird dich erfreuen. Solange du das Ergebnis deines Tuns nicht mit dem anderer misst. Denn beim Vergleich verlierst du immer: Bist du schlechter als die anderen, verlierst du deine gute Laune, bist du besser als sie, verlierst du deine Demut und dein Mitgefühl.

Selbstgespräche

Wir machen Worte. Durchschnittlich etwa 16 000 am Tag, im Laufe eines langen Lebens also um die 500 Millionen. »Danke« ist dabei unterrepräsentiert und obwohl das Gehirnwachstum seit einer Million Jahren abgeschlossen ist, kriegen manche Leute Zeit ihres Lebens keinen einzigen vernünftigen Satz hin. Dass alles, was wir wissen (oder zu wissen glauben), an Sprache gebunden ist, haben wir uns schon verschiedentlich klargemacht (→ DAS EINE GLÜCK, → ELEMENTARES WEGDENKEN), und wir wissen beide, welche heilende aber auch verheerende Wirkung Worte haben können. Dennoch wissen die wenigsten um die Macht des gesprochenen Wortes unter *zwei* Augen.

Selbstgespräche haben keinen sonderlich guten Ruf, finden, wenn überhaupt, doch eher in schriftlicher Form statt und dürfen dann Tagebuch heißen. Allerdings mangelt es Worten, die nur geschrieben sind, also stumm bleiben, an Energie, und in allen entscheidenden Dingen ist das Aussprechen von wahren Worten entscheidend für dein Leben. Während Verwünschungen am besten stumm bleiben, bricht das Aussprechen von unangenehmen Wahrheiten unter zwei Augen wahrhaftig Dämme, und solltest du daran zweifeln, empfehle ich dir gelegentlich diese Übung: Geh in dich, begib dich in genau die Ecken, in denen es dunkel ist, öffne die verschlossenen Türen, hinter denen du (meist zu Recht) Staub, alte Umzugskartons und Spinnen vermutest, schau dich um – und benenne nicht nur im inneren Monolog, was du siehst, sondern *sprich es aus*. Vor dir selbst. Denn es geht ja keinen was an. Allerdings: dich selbst.

Du wirst überrascht sein, welchen Unterschied es macht, nicht nur zu denken *Ich habe panische → ANGST vor Wasser /*

vor Menschen/vor (Namen einsetzen), sondern es zu *hören,* ausgesprochen mit deiner eigenen Stimme. Bist du ehrlich mit dir selbst bei dieser Untersuchung der verschlossenen Kammern und sprichst tatsächlich aus, was du dort vorfindest, wirst du gelegentlich über Sätze förmlich stolpern, die dir nach dem Aussprechen klingend die Beine wegziehen, die dich in Tränen ausbrechen lassen und erschüttern – in ganz unerwarteter Weise, denn gedacht oder hingeschrieben hast du diese Sätze vermutlich schon öfter, ohne dass sich irgendein Effekt eingestellt hat. Aber durch das Aussprechen eines entscheidenden, tief gefühlten Satzes wie »Ich hasse (Namen einsetzen)« oder »Es tut mir leid, (Namen einsetzen)« oder »Du hast mir weh getan, (Namen einsetzen)« holst du etwas, was bis dahin keinen Widerhall finden konnte, hinein in einen Resonanzraum, der nicht nur ein akustischer ist, sondern ein viel größerer: Das, was dich im Innersten bewegt, quält, antreibt, ist nämlich auf diese Weise plötzlich lebendig geworden, im Feld, am Licht, präsent, nackt – und damit plötzlich für dich auf ganz andere Weise begreifbar und zu verarbeiten als vorher, als es nur in deinem Denken und Fühlen präsent war – aber stumm, ohne Widerhall.

Zugegeben, das tut oft weh. Im ersten Moment. Es gibt den einen oder anderen schlichten Kernsatz, nach dessen Aussprechen man eine halbe Stunde heult wie ein Schlosshund. Aber die Belohnung folgt auf dem Fuße, denn erst jetzt kannst du mit dem, was du benannt hast, tatsächlich umgehen, weil es draußen ist, wo du es jagen und zähmen und ihm einen Sattel auflegen kannst. Eines gewinnst du qua Aussprache in jedem Fall: Die Ängste, die im Schutz der Dunkelheit gedeihen und dich jagen und antreiben, stehen ausgesprochen nackt da. Und oft erweisen sie sich so als klein, lächerlich und tatsächlich: beherrschbar.

Skepsis

Es erübrigt sich, dich zur Wachsamkeit aufzufordern, denn du bist weder bequem noch leichtgläubig und wirst daher immer skeptisch bleiben und infrage stellen, was als gesichert gilt oder was »man eben macht«. Allerdings darf deine gesunde Skepsis sich nicht nach außen erschöpfen. Betrachte daher nicht nur die »allgemeingültigen« Erklärungen und die Motive anderer mit kritischem Blick, sondern auch deine eigenen. Du hast meistens Recht, wenn du anderen unterstellst, ihre Motive seien weniger edel, als sie selbst behaupten. Das aber gilt auch für dich und es ist hilfreich, sich das klarzumachen und einzugestehen (wenn auch nicht unbedingt den anderen, denn das geht die nichts an).

Unsere Motive sind durchgehend egoistischer Natur, auch wenn wir sie mehr oder minder geschickt maskieren. Selbst Altruismus ist kanalisierter Egoismus, denn wir haben im Lauf der Jahrmillionen gelernt, dass wir mit einem platten »Alles meins« mittelfristig nicht weiterkommen (da andere dankbar von uns lernen). Zu scheinbarer Selbstlosigkeit in Form des zur Schau getragenen Aufopferns für andere findest du ein paar Sätze mehr unter → AUFMERKSAMKEITSRELATION, hier wollen wir nur konstatieren: Halten wir unsere eigenen Motive nicht für edler, als sie es sind. Sie sind immer egoistisch.

Unsere egoistischen Motive sind allerdings nicht per se vernünftig, dummerweise. Denn es ist nicht gesagt, dass dein bewusst oder unbewusst egoistisches Handeln dir auch tatsächlich nützt. Solange du dir nämlich nicht über dein wahres Wesen und deine wahren Motive im Klaren bist, wird dir dein Handeln oft schaden, ganz gleich, ob die Motive für dich selbst erkennbar egoistisch sind oder dir altruistisch erscheinen.

Wo und wie findest du skeptische Sucherin dein wahres Wesen? Das Wichtigste bei dieser Suche ist: Halte nichts an dir für gesetzt (abgesehen von unveränderlichen körperlichen Merkmalen, also eigentlich nur deiner Augenfarbe ohne Kontaktlinsen und deiner Körpergröße). Es steht nicht in deinen Genen, dass du vorsichtig sein, Angst haben oder schüchtern oder verwegen oder sonst was sein *musst*. Es steht höchstens drin, dass du diese Möglichkeit hast. Du bist mithin jederzeit frei (→ J. C.), dich anders zu verhalten, als du es gerade tust.

Verhaltensweisen brennen sich allerdings ein. Es ist immer dasselbe Muster, bei allen intelligenten Lebewesen. Eine zum ersten Mal eintretende Situation erfordert Verhalten – Denken, Fühlen, Handeln. Ob das nun der erste Tag im Kindergarten ist oder der erste Tag, an dem ein Säbelzahntiger vor einem steht. Die erste Konfrontation mit jeder neuen, wegweisenden Situation prägt unser Verhalten für den Rest unseres Lebens. Weglaufen erweist sich im Fall Säbelzahntiger als richtige Idee, wird also tief in deine Synapsen programmiert. Aber wenn wir das Kind belohnen, das am ersten Kindergartentag wegläuft, wird es ebenfalls etwas daraus lernen – sehr zum Leidwesen seiner Lehrer, Eltern und späteren Lebensgefährten.

Verhalten, das wir einmal für uns als richtig erkannt haben – im Sinne von lebenserhaltend – stellen wir fortan freiwillig nicht mehr infrage, denn es gibt permanent Fragen genug, die wir beantworten müssen. Dennoch rate ich dir, deine Grundeinstellung, deine Grundüberzeugungen immer dann *vollständig* infrage zu stellen und zu überprüfen, wenn deine äußeren Lebensumstände im Begriff sind, sich gravierend zu ändern. Jeder Umzug, jeder Ortswechsel, jeder neue Job, jede neue Beziehung bieten dir exzellente Bedingungen, dein Verhalten zu kalibrieren.

Erzähl dich um

Wir alle sind Autoren. Selbst wenn wir keine Romane schreiben. Sobald wir unsere Lebensgeschichte erzählen, ob anderen oder uns selbst, werden wir automatisch zu Autoren. Und je öfter wir anderen oder uns selbst die Story erzählen, desto sicherer und pointierter wird diese. Dabei halten wir uns unbewusst an die Regeln der Erzählkunst, denn wir alle lieben gut erzählte Geschichten. Eben solche mit Helden drin, strahlenden oder tragischen. Mit Widersachern. Mit Mentoren, Helfern. Mit Tätern und Opfern, mit Drama und – manchmal – Komik. Mit »Plot Points«, also den entscheidenden Momenten und Wendepunkten. So erzählen wir unsere eigene Geschichte. Nicht als Zen-Ansammlung von unzusammenhängenden, zufälligen Ereignissen, sondern so, dass sie irgendeinen Sinn ergibt (→ Der Sinn des Lebens). Welchen, entscheiden wir selbst, durch Bewertung, Weglassung und Verstärkung. → Hauptdarsteller(in) in dieser Geschichte sind immer wir selbst, allen anderen Darstellern weisen wir ihren Platz zu und ihre Funktion.

Solange diese unsere Erzählung sich stimmig anfühlt oder anhört, vor allem in unseren eigenen Augen und Ohren, bedarf es keiner Neufassung. Bei jeder Form von Lebensunwohlsein oder latenter Unzufriedenheit sind wir allerdings gehalten, als Drehbuchautoren unseres eigenen Seins tätig zu werden – und die ganze Story versuchsweise dramatisch umzuschreiben. Nicht gleich vor Publikum, wohl aber im Stillen, für uns selbst. Bei diesem »Re-Write« erweist es sich als äußerst hilfreich, alles infrage zu stellen und neu anzulegen. Insbesondere die Motivation und Rolle der Hauptdarstellerin neu zu denken, aber auch die der Nebenfiguren.

Haben wir bislang eine Heldinnengeschichte erzählt, machen wir eine Opfergeschichte draus. War's bislang eine Opfergeschichte, versuchen wir's mal mit einer Heldengeschichte.

Die Nebenrollen ändern wir gleich mit, zwangläufig (denn da jetzt Spartakus eine Maus ist oder vice versa, verändert sich natürlich auch jede Randfigur). Täter werden Opfer, Opfer Täter. Aus Abneigung wird Zuneigung, vielleicht verkappt, verborgen. Motivieren wir die Nebendarsteller neu. Tiefer, bei Bedarf. Geben wir ihnen und ihrem Handeln mehr Gewicht (oder weniger). Machen wir aus Mentoren Egoisten, aus Karriereverhinderern Helfer, aus gütigen Müttern Egoistinnen und aus finsteren Vätern Altruisten. Oder andersrum. Machen wir aus verpassten Chancen glückliche Fügungen. Du wirst merken, dass sich das Meiste von selbst ergibt. Denn schon durch kleine Änderungen im Skript, in den Motiven deiner handelnden Personen, musst du alles neu und anders erzählen.

Gut möglich, dass einige dieser experimentellen Neufassungen sich völlig falsch anfühlen – diese sind umgehend zu verwerfen. Aber auch jedes erfolglose Gedankenexperiment stellt den bisherigen Entwurf deiner Lebensgeschichte erfolgreich auf die Probe und stärkt sie. Es kann indes auch sein, dass dir die neue Version viel schlüssiger erscheint als die alte, die du seit Jahren oder Jahrzehnten dir selbst erzählst. Was im ersten Moment erschreckend und erschütternd ist, weil man sich selbst ungern bei Fehlern ertappt, aber im zweiten Moment äußerst hilfreich. Und du wirst positiv überrascht sein, welche Möglichkeiten sich aus dieser neuen, stimmigeren Version ergeben – für dich, die Hauptdarstellerin, für den ganzen weiteren Verlauf deiner Lebensinszenierung.

Denn hier liegt der entscheidende Unterschied zu all den anderen Geschichten, die wir uns und einander erzählen: In unserer sind wir mittendrin, sie ist noch nicht vorbei. Zwar steht fest, wie sie endet, nämlich nicht als romantische Komödie mit Hochzeitsglocken und Reisregen, sondern unweigerlich mit dem → TOD unserer Hauptfigur, aber wie alles von genau → JETZT an weitergeht und ob das Ende sich zufriedenstellend oder frustrierend anfühlt, hängt ganz entscheidend davon ab, wie wir die Vorgeschichte erzählen. Haben wir die nämlich krumm und falsch geschildert, kann auch der Rest der Story nicht gelingen, ganz gleich, wie sehr wir uns bemühen. Drum: Gönnen wir uns gelegentlich einen kompletten versuchsweisen »Re-Write«, und zwar rechtzeitig. Denn nichts ist tragischer als ein Mensch, der erst auf dem Sterbebett kapiert, dass er sich seine eigene Lebensgeschichte von Anfang an falsch erzählt hat.

Außer vielleicht Menschen, die's nicht mal dort kapieren.

Handeln und Entscheiden

Dass das Nichtstun dem Fehlermachen vorzuziehen sei, ist in unserem Denken genauso fest verankert wie in unserem Rechtssystem. »Ich hab doch gar nichts gemacht!« klingt nach Freispruch, unterlassene Hilfeleistung ist weniger verwerflich als Mord, das Lassen jedem möglicherweise schädlichen Handeln vorzuziehen, ergo ist auch das Zögern besser als Handeln. Diese halb bewusste Ansicht ist weitverbreitet, aber ganz falsch. Denn sich nicht zu entscheiden ist auch eine Entscheidung, da die Welt um dich herum nicht wartet, bis du mit Zaudern fertig bist. Und so handelst du, indem du nicht handelst – indem du Dinge geschehen lässt. Es handeln dann zwar andere (oder schlicht die Natur), aber im Ergebnis hast *du* eine Entscheidung getroffen. »Ich hätte mich entscheiden sollen« gibt es nicht. Es gibt nur »Ich hätte mich anders entscheiden sollen als zum Nichthandeln«, und »Ich hab doch gar nichts gemacht!« ist keine Entschuldigung, wenn Dinge schiefgehen.

Du solltest eine Fehlentscheidung jederzeit dem Nichtstun vorziehen. Passivität macht unglücklich, denn bei ungünstigen wie bei günstigem Ausgang wirst du das Gefühl haben, etwas versäumt zu haben. Also: Mach lieber Fehler als gar nichts richtig.

Zugegeben, der Idiot ist hierbei immer im angeborenen Vorteil, denn er hat nichts abzuwägen und nichts zu verlieren – nicht mal seinen Verstand. Wenn Handeln gefragt ist, hilft es daher, sich vor sich selbst dümmer zu stellen, als man ist.

Die besondere Zusatztücke an Entscheidungen liegt indes darin, dass wir ständig welche treffen (müssen), obwohl wir noch gar nicht über alle entscheidungsrelevanten Erkenntnisse verfügen. Das ist besonders fies in jungen Jahren, deshalb bemühe dich möglichst früh um Selbsterkenntnis: Was bist du – was ist deine wahre innere Stimme, was die innere Stimme eines anderen? Hast *du* → Angst – oder ist es die Angst anderer, in deren Obhut du aufgewachsen bist? Ziehst du tatsächlich die Künstlerlaufbahn einem »sicheren« Job vor? Oder spricht da nur die Stimme deines Vaters? Ziehst du einen »sicheren« Rentenanspruch vor und sortierst deshalb dein Leben lang Zettel, obwohl du Zettel stinklangweilig findest? Oder spricht da nur die Stimme deiner Mutter, deines Opas oder die von Ursula von der Leyen? Zugegeben – »wenn wir alle in uns gingen, wo kämen wir denn da hin?« (Tucholsky), aber in diesem Fall gilt's: Geh in dich.

Aber während du das tust, bleibt es beim siehe oben: Mach lieber Fehler als gar nichts richtig.

PS: Eine Zusatzbemerkung unter Perfektionisten, die sich mit dem endgültigen »Handeln« (lies: Liefern) manchmal besonders schwer tun, weil sie die Abgabe einer in ihren anspruchsvollen Augen nicht hundertprozentigen Arbeit (sei es ein Buch, ein Film oder ein Essen) für eine Beleidigung der Empfänger halten. Sobald du dich bei solchen hinderlichen Gedanken ertappst, erinnere dich an die Trägheit der Masse, also daran, dass etwas desto mühsamer noch weiter zu beschleunigen ist, je schneller es bereits fliegt, oder weniger physikalisch an das sogenannte Gesetz des abnehmenden Grenznutzens – exemplarisch verdeutlicht an der Zubereitung eines sehr guten oder eines perfekten Drei-Gänge-Menüs: Erreichen wir mit einer Stunde Aufwand ein zu 95 bis 96% gelungenes Essen, erreichen wir mittels einer zusätzlichen Stunde Aufwand schon 96 bis 97%. Investieren wir vier Stunden, erreichen wir 98%, danach nimmt der Zusatznutzen proportional ab. Zu Erreichung von 99% benötigen wir schon 80 Stunden, zur Erreichung annähernder Perfektion (99,99%) benötigen wir 800 Stunden. Was insofern dumm ist, als unser Essen a) nach 800 Stunden Zubereitung kalt ist und b) keiner unserer Gäste den Unterschied zwischen dem 95%-Essen und dem 99,99%-Essen überhaupt bemerkt. Weshalb »near perfection« lediglich in Computerprogrammen etwas verloren hat, mittels derer man Atomkraftwerke steuert oder den internationalen Zahlungsverkehr, aber nicht im alltäglichen Leben und auch nicht in der Kunst.

Und natürlich lässt sich das viel kürzer sagen: Hey, komm raus aus der Küche und serviere deine tollen 95%-Gerichte, wir haben Hunger.

Große Erwartungen

Der sicherste Weg ins Unglück ist die Vorstellung, du hättest Kontrolle über dein Leben. Damit fährst du nämlich nur so lange prima, wie sich alles nach deinen Wünschen und Plänen entwickelt.

Du könntest auf deinem Weg, solange er dir angenehm erscheint, dem Irrglauben erliegen, dein Erfolg hätte mit deinem klugen Planen und Handeln zu tun, aber genau darin liegt die Gefahr. Geht nämlich irgendwas gründlich schief, bist du seelisch und intellektuell nicht vorbereitet und kannst dann wahlweise dir die Schuld geben oder den anderen oder Gott oder sonst wem, aber der Weg zu der Erkenntnis ist dir verstellt, dass du bislang einfach nur Schwein hattest (nicht → DAS EINE GLÜCK).

Du fährst daher wesentlich besser mit dem Wissen, dass das Leben nicht gerecht ist, sondern grundsätzlich voller Zufälle, Schlaglöcher und Hindernisse. Bleiben dir diese Schlaglöcher längere Zeit erspart, ist das weniger deiner Planung geschuldet denn einem gnädigen Schicksal. Bleibst du heute gesund, sterben deine Lieben heute nicht einfach so weg, wirst du heute nicht von einem Meteor erschlagen, verlierst du heute nicht Job, Vermögen oder andere Kleinigkeiten, ist das nicht dein

Verdienst. Du hast keinerlei Einfluss auf die großen Entscheidungen über dein Leben.

Sei nicht ohne Erwartungen, das wäre deprimierend. Im Gegenteil: Erwarte viel, plane, arbeite darauf hin – und sei nicht enttäuscht, wenn's nicht passiert.

Erwarte aber vor allem nicht, dass dies und das passiert, weil du dies und das getan hast. Freu dich wie Bolle, wenn es passiert. Aber wenn es nicht passiert, zuck die Achseln und probier's morgen noch mal. Die Chancen stehen nicht so schlecht, dass es das (übrigens unbestechliche) Schicksal wieder besser mit dir meint.

Das ¾ Leben

Wie in so vielem bist du auch hinsichtlich deiner Berufswahl, frei – freier jedenfalls als die meisten Menschen, die derzeit auf dieser Welt leben und erst recht freier als die Generationen vor uns. Du kannst also wählen – im weiten Rahmen deiner Interessen, Möglichkeiten und deines Talents.

Da Arbeit nicht nur das halbe Leben ist, sondern circa ¾ des Lebens ausfüllt, such dir eine Tätigkeit, die dir Freude bereitet. Der Rat Älterer, du solltest dir vor allem etwas »Sicheres« suchen, etwas, das → GELD bringt, ist entweder aus Dummheit geboren oder aus dem Willen, dein Leben möge zu ¾ frustrierend verlaufen – also so wie das derer, die dir solche blöden Ratschläge geben.

Sicherheit und Geld sind im Zusammenhang mit deinem Tagwerk zwar nicht völlig egal, aber bestenfalls zweit- oder drittrangig. Keine Sicherheit und kein Geld der Welt gleichen das Unglück aus, das du in einem ungeliebten Job tagtäglich empfindest. Und wenn du täglich etwas tust, was dir Freude macht, wird auch Geld zur Nebensache.

Es gibt glückliche Friseurinnen. Es gibt glückliche Krankenschwestern. Womit ich nicht gesagt haben will, du solltest diese Berufe wählen, dazu kenne ich dich zu gut. Es gibt auch glückliche Bankkauffrauen, glückliche Verkäuferinnen, vielleicht sogar glückliche Steuerberater, auch wenn sich mir nicht erschließt, wie das geht.

Es gibt aber vor allem auch glückliche *wohlhabende* Friseure. Oder glückliche wohlhabende Köche. Die aber werden ihre Berufe nicht aus Sicherheitsgründen gewählt haben oder weil diese Geld bringen, sondern aus den oben genannten Gründen: Weil sie Freude haben wollten.

Fortune vorausgesetzt, kommen ausreichend oder mehr Geld und Sicherheit auf dem Weg zur Freude dazu; ohne Fortune bleibt dir nichts als Freude, also ¾ der Lebensmiete.

Lass daher nicht Sicherheit und Rentenansprüche zu deinen Leitsternen werden, wenn du dich fragst, womit du den größten Teil deiner Lebenszeit zubringen willst. Folge deinen Talenten und Herzenswünschen, soweit es irgend möglich ist. (Und nur sofern eine eigene Yacht und fünf Mal jährlich Schuheshoppen in Mailand ganz oben auf deiner Wunschliste stehen, prüfe die Karriereoptionen Waffenhändlerin und Model.)

Zur Berufswahl im Detail nur eine ganz undetaillierte Beobachtung: Es gibt Tätigkeiten, die man relativ leicht zu beherrschen lernt (Anstreicherin, Verkäuferin etc.), Tätigkeiten, die eine lange Ausbildung erfordern, aber dennoch perfekt beherrscht werden können (Gehirnchirurgin, Archäologin etc.) und Tätigkeiten, die man nach langen, langen Jahren sehr sicher beherrscht, aber nie ganz – weil sich das Umfeld, in dem sie stattfinden, im Lauf der Zeit ständig ändert (Künstlerin,

Philosophin etc.). Aus welcher dieser drei Kategorien du deinen Beruf wählst, ist eine Frage an dein Innerstes, deine Seele, denn für alle drei Arten spricht natürlich einiges. Wer große Freude an der Illusion eines beherrschbaren Schicksals hat, sollte tunlichst die Finger von Berufen der zuletzt genannten Kategorie lassen – er oder sie wird ja nie fertig mit seiner oder ihrer Ausbildung. Wer sich hingegen sofort langweilt, sobald er etwas perfekt beherrscht, der meide die Berufe der ersten Kategorie – und vielleicht auch die der zweiten.

Mir erscheinen die Berufe der zweiten und dritten Kategorie ideal, um auf dem schmalen Grat zu wandeln, der als unser Lebenskönigsweg in immer sonniger und sinniger Höhe verläuft – zwischen dem Abgrund Langeweile links und dem Abgrund Frustration rechts (und so, wie ich dich und deine schlanken Füße kenne, wirst du ihn in italienischen Schuhen gehen).

Überzeugungsarbeit

Wie, du bist wunschlos im Hier und → Jetzt? In deinem Leben gibt es keine Rivalitäten, denn du weißt, dass alles Vergleichen Blödsinn ist (→ Vergleichsweise), du weißt, dass → Liebe (wahre) alles ist und alles andere nichts, und du hast → Die Ich-Arena längst hinter dir gelassen?

Gut, dann kannst du das hier überblättern …

Aber falls du das da oben noch nicht vollständig unterschreiben kannst, gestatte mir ein paar unsortierte Anmerkungen zum profanen Irgendwaswollen, was andere nicht oder nicht sofort ebenfalls wollen. Lassen wir den Sonderfall »Du bist Königin resp. der Boss und kannst alles entscheiden« beiseite, denn in dem Fall kannst du ja eh machen, was du willst, vor allem Ansagen, die dann befolgt werden. Nehmen wir stattdessen die 99 % Normalfälle. Also die, in denen wir alle (= alle Egoisten) irgendwas wollen und selten dasselbe. Hierzu vergegenwärtige dir, was du über die → HAUPTDARSTELLER weißt, und mit diesem Wissen in Herz und Kopf nimm in jeder Gruppensituation eine rasche und grobe Einschätzung der Stärken, Schwächen, Ängste und Sehnsüchte der einzelnen dich umgebenen Menschen vor. Vergiss dabei aber nicht den einen Menschen, den du nur im Spiegel siehst. Sun Tsu hat recht, wenn er vielzitiert festhält: »Wenn du den Feind und dich selbst kennst, brauchst du den Ausgang von hundert Schlachten nicht zu fürchten. Wenn du dich selbst kennst, doch nicht den Feind, wirst du für jeden Sieg, den du erringst, eine Niederlage erleiden. Wenn du weder den Feind noch dich selbst kennst, wirst du in jeder Schlacht unterliegen.« Das gilt für den Krieg, über den Meister Sun schrieb, aber es gilt auch für den Kleinkrieg um alles, was wir so wollen. Und andere eben nicht.

Anders als Feldherr Sun Tsu haben wir es aber nicht nur mit feindlichen Armeen zu tun, sondern müssen auch unsere Verbündeten richtig einschätzen, denn jene sind ja nicht irgendwelche Soldaten, die machen, was wir ihnen sagen. Und auch wenn du selbst am besten weißt, was für *alle* Hauptdarsteller in deinem Team am besten ist, werden sie dir noch lange nicht folgen.

Kennst du indes die Wünsche und Ängste aller Mitglieder des Teams, das dich umgibt, kannst du diese Einzelnen respektvoll beeinflussen. (Du kannst sie auch gegeneinander ausspielen, aber das ist nicht der Königsweg – und mir bleibt, falls du ihn dennoch kunstvoll einschlägst, nur zu hoffen, dass dein Ziel ein edles ist.)

Bedenke aber jederzeit:

1) Je mehr du etwas willst, desto vorsichtiger zeige es nach außen. Lass dir deine Begeisterung anmerken, aber hüte dich, deine Sehnsucht, dein Bedürfnis zu offenbaren, sei es nach einem Job, nach diesem tollen Tagessatz oder dieser besonderen Bühne. Beeindrucke den, von dem du etwas willst, mit deinem Wissen und deiner Leidenschaft, vor allem aber mit deiner Unabhängigkeit, und sei sie hundertmal erfunden. Selbst wenn du (unbemerkt, bitte) Blut und Wasser schwitzt: Je weniger man dir anmerkt, dass du etwas begehrst, desto mehr begehrt man dich.

2) Formuliere Forderungen zu Fragen um. Mit »Setz dir 'ne Mütze auf!« erreichst du weit weniger als mit »Willst du dich erkälten?«, mit »Ich will das und das von euch!« weit weniger als mit »Wäre es nicht smart von uns, wenn wir Folgendes machten …?«.

3) Gib jedem Menschen die Gelegenheit, sein Gesicht zu wahren oder sich wenigstens die Illusion der eigenen Bedeutung zu erhalten. Oder sogar die Illusion, gewonnen zu haben oder dir überlegen zu sein, solange das sein Verhalten so steuert, dass es der Erreichung deines guten Zieles dient.

4) Hast du Lob wie Kritik vorzubringen, wirf einen genauen Blick auf das Scharnier »Aber«: Alles, was du vor dem »Aber« sagst, wird kurzzeitig gelöscht, deshalb beginne mit der Kritik und ende mit Lob. »Alles schon sehr gut, aber die Bühne gefällt mir nicht« ist verheerend, viel besser ist »Die Bühne gefällt mir zwar noch nicht, aber sonst ist alles schon sehr gut.«

5) Unterschätze die anderen Hauptdarsteller nicht. Wir durchschauen zwar andere oft besser als sie sich selbst, vergessen dabei aber ebenso oft die empörende Wahrheit, dass auch diese anderen sich Gedanken machen – und gelegentlich

das Gleiche leisten, nämlich uns besser durchschauen als wir uns selbst.

6) Sei im entscheidenden Moment extrem höflich: Störe eine Kontrahentin/Gegnerin/Rivalin nie, wenn sie gerade Fehler macht.

Gut, das brauchst du alles nicht. Du willst keinen Ruhm. Keine Gehaltserhöhung und nicht den Platz ganz oben auf dem Podest, um von deinen Millionen die Welt zu retten.

Ich wollt's ja nur noch mal gesagt haben, sicherheitshalber.

Geld

Die Weisen wissen: Der Kosmos zahlt keine Miete (A. G. Iñárritu), Geld ist besser als Armut, und sei es auch nur aus finanziellen Gründen (W. Allen), Geld allein macht nicht unglücklich (P. Falk). Wer allerdings vom Glück (→ Das eine Glück) nur sehr vage Vorstellungen hat, dem hilft Geld im Überfluss, das Ziel vollständig aus dem Auge zu verlieren. Daraus ergibt sich aber garantiert nicht im halbgaren Umkehrschluss, Geld sei dem Glück generell abträglich. Geld kann nämlich viele angenehme Dinge.

In erster Linie ist Geld → Zeit. Hast du ausreichend ersteres, hast du ausreichend letztere. Und nichts ist schöner, als über seine Lebenszeit nach Gusto verfügen zu können.

Merkwürdigerweise wissen die meisten Menschen instinktiv ganz genau, wie viel Zeit sie zum Anschaffen von wie viel Geld aufwenden *sollten*. Dass sie dann tatsächlich anders handeln, hat vor allem damit zu tun, dass sie zu viel fernsehen, Äpfel mit Glühbirnen vergleichen (»Die Jolie ist doch auch nicht viel anders als ich«) und nicht konsequent genug die Werbeblöcke wegschalten. Instinktiv weiß jeder, dass es eine goldrichtige Menge Geldes für das eigene Wohlergehen gibt, nämlich die Menge, die sicherstellt, dass die eigenen Grundbedürfnisse erfüllt werden können: ein Dach über dem Kopf, Essen & Trinken, Kinder und Freunde um uns haben, Zuneigung, Sex (bei Regen unter einem Dach), Gesundheit, Schuhe, Bücher oder DVDs kaufen ... gut, genau hier fängt das »Feintuning« an – wie viele Schuhe? Wie oft einen Neuwagen? Wer sich hier nicht als Grundbedürfnis einreden lässt, was gar keines ist, hat schon gewonnen. Alle anderen verlieren und machen's wie vom Volksmund hübsch auf den Punkt gebracht: »Wir kaufen Dinge, die wir nicht brauchen, mit Geld, das wir nicht haben, um Leute zu beeindrucken, die wir nicht mögen.«

Sind unsere Grundbedürfnisse mit den uns zu Verfügung stehenden Tauschmitteln nicht zu befriedigen, sind wir verständlicherweise irgendwas von unglücklich bis krank vor Kummer. Versuchen wir aber, mehr als unsere Grundbedürfnisse zu befriedigen, steuern wir ebenfalls in Richtung Elend. Denn wir wissen instinktiv, dass die Zeit und Mühe, die wir zum Erreichen dieser Ziele aufwenden, größer sind als der damit verbundene Lust- oder Sicherheitsgewinn. (Ausnahme sind jene fanatischen Sammlernaturen, die notfalls auch zu Fuß an den Nordpol gingen, um ihre Eiswürfel-Kollektion zu komplettieren.)

Aber bringt denn nicht Geld Besitz mit sich und Besitz Sicherheit? Sicherheit? Wovor? Vor Krankheit, Feuersbrünsten, Verstümmelung oder Tod? Sicher nicht. Sicherheit vor einem Leben in der Gosse? Nu ja. Die möchten wir wenigstens fühlen, soweit es das unberechenbare Schicksal erlaubt, aber das fällt unter siehe oben: Grundbedürfnisse.

Besitz bringt diese Sicherheit nicht. Es macht ohne Frage Spaß, überschüssiges Geld gegen etwas anderes zu tauschen und so etwas Neues zu erhalten, aber es macht weit weniger Spaß, etwas zu *haben*. Und erst recht macht es keinen Spaß, es zu behalten. Oder gar verteidigen zu müssen. Besitz wird sehr schnell anstrengend.

Geld nicht. Geld macht dich im Idealfall zur Herrin über deine Zeit. Im Normalfall ist es ein Mittel zum Zweck und der Zweck ist vollständig erreicht, wenn deine Grundbedürfnisse befriedigt sind. Ist dies gegeben, sei wachsam bei der Auswahl der Wünsche, die du dir darüber hinaus mit deinem Tauschmittel erfüllst. Prüfe sie auf Herz und Nieren, ob sie deinem Herzen entspringen oder dem Hirn eines Werbetexters. Als verblüffend hilfreich erweist sich hier oft die naive Frage: »Wer hat eigentlich am meisten davon, wenn ich mir diesen Wunsch erfülle?« … Ausprobieren. (Kostet nichts.)

PS: Das im Film *Die Unbestechlichen* von Watergate-Petze *Deep Throat* ausgegebene Motto »Follow the money« (das den Oldie »Cui bono« aus den Charts verdrängt hat) ist kein Wegweiser auf deinem Lebensweg, sollte aber sicherheitshalber auf der Innenseite deiner Hand stehen. Für den Fall, dass du im Konkreten, also bei den immer wiederkehrenden Zusatzaufgaben im Rahmen der Lebensprüfung (→ SITZENBLEIBER) mit deinem gesunden Gefühl und Verstand an Grenzen stößt und dich fragst, wieso Menschen und Menschengemeinschaften sich so überaus dämlich verhalten. Wieso sie Kriege führen, Bohrinseln lausig zusammenbauen, Hotels direkt an Tsunamistrände bauen, Krankheiten erfinden, Jobs machen, die sie nicht mögen, und mit Männern verheiratet sind, die sie erst recht nicht mögen: Willst du das begreifen, finde heraus, wer davon profitiert: Follow the money. (Und lach mich aus in 15 Jahren, wenn deine Generation endgültig das Sagen hat, mit dem heiteren Zusatz: »Das, Vater, galt früher als Schlüssel – aber dessen Bart ist längst ab.«)

Meide Experten

Blaise Pascal hat die schöne Quintessenz formuliert, der Mensch sei »groß in der Erkenntnis seiner eigenen Nichtigkeit«, deshalb hüte dich vor dem geistigen Mittelstand. Das sind die paar Prozent Menschen, die nicht entweder weise und/oder einfach und ehrlich sind – also höchstens 92 von 100.

Du erkennst Vertreter des geistigen Mittelstands auf den spätestens zweiten Blick, und zwar daran, dass sie alles ziemlich genau wissen und irgendwas ganz genau. Die meisten sind auf einem Gebiet »Experten«, ob nun für Steuerrecht, Gesundheit oder Kindererziehung oder was auch immer. Was ihr Fachgebiet betrifft, macht man ihnen nichts vor. Da wissen sie Bescheid.

Aus diesem Grundwissen gewinnen sie seltsamerweise die Überzeugung, alles, was sie nicht so genau wissen, wäre entweder nicht so wichtig oder lasse sich mit ihrem Expertenwissen gleich miterklären, jedenfalls immerhin so weit, dass keine wirklich wesentlichen Unsicherheiten bleiben. Auch die Zusammenhänge im Kosmos oder im Verhalten von Menschen, Tieren und Staatsgebilden gehorchen ja im Großen und Ganzen den gleichen Gesetzen wie eine Steuererklärung oder ein Zweijähriger mit Blähungen.

Geistige Mittelständler sind in allen Farben, Formen und

Gehaltsklassen erhältlich, sind aber umso anstrengender, je mehr materiellen Erfolg sie im Leben hatten. Denn da sie *wissen,* dass Erfolg einem recht gibt, haben sie sehr viel recht. Arme geistige Mittelständler hingegen fühlen sich existenziell bedroht, sobald ihnen ein erkennbar nachdenklicherer Mensch über den Weg läuft und sind daher ebenfalls eine rechte Plage.

Ein Teil der geistigen Mittelschichtler verfügt neben dem Expertenwissen über eine rudimentäre Art Allgemeinbildung, die allerdings meist nur angehäuft wird, um Themen rasch abhaken zu können oder gerüstet zu sein, falls Günther Jauch anruft.

Bist du nun auch auf den zweiten Blick unsicher, ob jemand dem geistigen Mittelstand angehört, bietet sich ein unauffälliger Test im Small-Talk-Rahmen an, mit dem du die Grenzen deines Gegenübers rasch bestimmen kannst. Sprich einfach einen Sachverhalt an, der komplexer ist, als es auf den ersten Blick scheint, am besten eine Frage, auf die weise Menschen ebenso wie ehrlich Einfache tatsächlich keine Antwort haben. Beispiele?

Warum werden Menschen krank – und andere nicht? Warum ist es nachts dunkel, obwohl doch unendlich viele Sonnen am Himmel stehen? Warum weiß mein Hund, dass ich gleich nach Hause komme? Warum weiß eine Mutter in Hildesheim, wenn es ihrem Kind in Tokio schlecht geht (ohne zu telefonieren)? Warum fallen wir nicht von der Erde ins Weltall bzw. warum werden wir nicht runtergeschleudert? Ein geistiger Mittelständler wird sofort kernige Antworten haben, etwa diese: »Viren. Weil unsere eine Sonne auf die andere Seite der Erde scheint. Weil du *immer* um die Zeit nach Hause kommst. Andeutungen im Telefonat vorher. Gravitation.«

Sollte dir das noch nicht reichen, um Abstand zu nehmen, lade dein Gegenüber ein, sich zu besinnen, zum Beispiel so: »Müssten dann nicht *alle* krank werden, die Viren essen? Müssten nicht die unendlich vielen leuchtenden Sonnen, sprich: Sterne, auch den Nachthimmel hell wirken lassen? Aber woher weiß mein Hund das auch dann, wenn ich heute zwei Stunden *früher* komme als sonst? Und woher weiß Mutter nach vier Wochen Alles-ist-gut-Stillschweigen in dem *Augenblick* Bescheid, da ihrer Tochter etwas Schreckliches passiert? Sind da Dinge verbunden, die nicht verbunden sein *können?* Und hat die Naturwissenschaft denn überhaupt eine wirklich gute Idee, was Gravitation ist und woher sie kommt?«

Spätestens hier entlarvt sich der geistige Mittelständler, denn hier steht er in seiner ganzen Ahnungslosigkeit förmlich nackt vor dir und wird sich erstens was schämen und zweitens das Weite suchen, indem er das Thema wechselt oder dich und deine Fragen als esoterisch diffamiert. Suche in diesem Fall keinen Streit, sondern ergreife höflich ein Weinglas sowie das neue Thema, das dein Gegenüber vorgeschlagen hat (und sieh dich nach einem Fluchtweg um). Wenn du Glück hast, redet der Mittelständler von nun an über das Terrain, auf dem er sicher stehen kann (Pendlerpauschale, Fußball, Sonderangebote oder das Wetter). Wenn du Pech hast, äußert er eine politische Meinung. In diesem Fall entferne dich unter einem glaubwürdigen Vorwand, denn das hält man ja wirklich nicht aus.

Du wirst dem geistigen Mittelstand auf deinem Lebensweg nicht vollständig entkommen können, solltest aber versuchen, ihn möglichst gründlich zu meiden. Und das geht. Ich habe nämlich gelogen, oben. Es sind nicht 92 Prozent. Es gibt – trotz aller Bemühungen von Privatfernsehen,

Boulevardpresse und Werbewirtschaft – noch immer verblüffend viele ehrliche einfache Menschen. Es gibt sogar eine Reihe von klugen und bescheidenen Weisen. Du wirst sie finden. (Solltest du jedenfalls, denn »allzu häufiger Umgang mit dem geistigen Mittelstand« dürfte die eine oder andere Erkrankung eines geistig und seelisch gesunden Menschen weit besser erklären als jeder Virus.)

Lieben & Verlieben
Verlieben
Arme Vögel
Aufmerksamkeit
Hauptdarsteller
Starkschwach

Liebe A (Wahre)
Megaphonbauen für Seelen
Liebe B
(für den Hausgebrauch)
Kinder
Heirate Dich Selbst

Aufmerksamkeitsrelation

Merkwürdigerweise habe ich mehr als 40 Jahre gebraucht, um das zu begreifen, was ich dir im Folgenden schildere. Sieh mir also nach, dass es ein paar Zeilen mehr verlangt- und sei sicher, dass du sie nicht vergebens liest.

Wahr ist, dass → LIEBE eine Macht ist. Dass geliebt zu werden Kraft schenkt. Wirst du geliebt, fließt fraglos Energie (→ ENERGIRO) zu dir, auf Wegen, die der Naturwissenschaft unklar sind. Wie so vieles (→ KOSMOS A BIS ATOM).

Weniger bekannt als »Liebe verleiht Flügel« ist, dass nicht nur Zuneigung, sondern *jede* Form von Aufmerksamkeit Energie fließen lässt, und zwar vom Aufmerksamen zu dem, dem die Aufmerksamkeit zuteil wird. Dabei muss die Aufmerksamkeit allerdings nicht *zwingend* liebevoll sein. Kleine Kinder verschaffen sich Aufmerksamkeit, indem sie schreien. Erwachsenen ist dieser Weg versperrt (zum Glück), dennoch sind die meisten wie kleine Kinder auf Aufmerksamkeit angewiesen, ansonsten fehlt ihnen jede Lebensenergie.

Wie aber verschafft man sich diese Aufmerksamkeit als Erwachsener?

Tricky.

Die wenigsten sprechen das Bedürfnis einfach aus. Manche tun's, kriegen aber trotzdem keine Aufmerksamkeit, sondern gelten danach bloß als Memmen, Egozentriker oder beides. Deshalb entwickeln die meisten (spätestens nach dieser Erfahrung, meist vorher) Strategien, die ihnen die lebensnotwendige Aufmerksamkeit, also Energie, möglichst zuverlässig sichern.

Lass mich einige Beispiele nennen: Der Eine ist bildschön – Aufmerksamkeit ist ihm gewiss, er ist beschenkt vom Schicksal. Der Nächste singt auf einer Bühne – Aufmerksamkeit ist ihm gewiss, Energie fließt zu ihm. Der Dritte ist weder schön noch stark noch kann er singen. Dafür ist er ständig krank, man bemitleidet ihn, Aufmerksamkeit ist ihm gewiss, Energie ebenfalls. Der Vierte ist unselbständig – und gewinnt deine Energie, indem du dich um seine Angelegenheiten kümmerst, ob du ihm einen Nagel in die Wand schlägst oder ihm die Wäsche wäschst. Der Nächste ist ständig fies und nervt. Aufmerksamkeit und Energie sind ihm gewiss. Ein Anderer verspricht ständig, etwas zu tun, tut es dann aber nicht. Aufmerksamkeit ist ihm gewiss, Energie fließt – für den kleinen Hunger zwischendurch greift er darauf zurück, sich unentschuldigt stundenlang zu verspäten und dabei sein Handy zu verlegen im Wissen, dass du permanent sorgenvoll an ihn denkst. Wieder ein Anderer beklagt, dass er gibt und gibt und gibt – und nie etwas zurück erhält. Seine Klage verschafft ihm Aufmerksamkeit. Und somit die Energie derer, die ihn bemitleiden. Wieder eine Andere ist ständig beleidigt oder bricht grundlos in Tränen aus, sobald du und deine Freunde sie nicht in eure Gespräche oder Vorhaben einbezieht, noch ein Anderer überhäuft wahllos Familienmitglieder oder wehrlose Kellner mit haltlosen Vorwürfen, die nur dazu dienen, den anderen zu verletzen … nein, halt: nur dazu dienen, ihm, dem Verletzer, fassungslose Aufmerksamkeit zu verschaffen.

Energie.

Wir alle leben davon. Und wir alle haben Mittel und Wege, uns Aufmerksamkeit zu verschaffen. Bevor du aber herausfindest, welches dein eigener mieser Trick ist (den du anschließend niemand verrätst), mach dir die Mühe, die anderen um dich herum zu durchschauen. Nimm ihnen nichts übel, aber nimm sie gründlich unter die Lupe und durchschaue sie.

Ist dir das gelungen, entscheide von Neuem, welchen von ihnen du jene Energie geben willst, die sie unausgesprochen von dir verlangen. Stell dir den Energiesuchenden als Antenne vor und dich als Sender. Sobald du dich auf die Antenne konzentrierst, fließt Energie, denn zum Austausch gehören immer zwei. Einer, der Energie empfängt, ein anderer, der sie ausstrahlt.

Es steht dir jederzeit frei, Letzteres nicht zu tun. Das ist nicht immer leicht (und erfordert manchmal diplomatisches Geschick, Geduld oder Kummer), aber ohne deine Einwilligung fließt keine Energie von dir zu anderen. Null, nada, zero. Du entscheidest immer selbst, ob Energie fließt. Niemand kann sie dir stehlen (→ VOM STARKEN ZUM SCHWACHEN).

Es gibt verschiedene Wege, den Versuch anderer zurückzuweisen, deiner Energie habhaft zu werden. Einfach, aber auch arg verletzend ist es, den anderen auf seinen speziellen Trick hinzuweisen und ihm zu sagen, dass du darauf nicht hereinfällst, vielen Dank. Das wird vermutlich das Ende eurer Beziehung sein (was durchaus nicht immer schlecht ist, aber auch nicht immer wünschenswert).

Ein eleganterer Weg ist der, der fordernden Hand auszuweichen. Gelegentlich lässt sich das mit einem Scherz bewerkstelligen, meist aber müssen wir uns aus der Schusslinie bringen, entweder ganz, also physisch, oder wenigstens mental, indem wir die Verbindung zum Empfänger kappen.

Wenn jemand beispielsweise seine Energie daraus bezieht, dass er dich ständig in Sorge versetzt oder hängen lässt, im Wissen, dass du permanent darüber nachdenkst, warum er das tut (»Ist ihm etwas passiert? Liebt er mich nicht mehr?«), hör einfach auf, über ihn und seine Motive nachzudenken. Denn nur daraus bezieht er seine Energie – aus dem Wissen um deine Sorge. Hast du Glück, ändert er sein Verhalten dir gegenüber. Hast du doppelt Glück, sucht er sich eine andere Energiequelle. (Was übrigens sehr verbreitet ist, denn wenn der Energiesuchende selbst Energie aufwenden muss, um an seinen Stoff zu kommen, sucht er sich meist in Windeseile einfacher anzuzapfende Quellen.)

Womit wir beim rätselhaften Heisenberg wären, dem alten Physiker. Der ja bemerkte, dass die mächtige Energieform → LICHT sowohl Wellen- als auch Teilchencharakter haben kann, was ja eigentlich gar nicht geht, denn entweder ist man in diesen Kreisen Jacke oder Hose – aber nicht beides, nach Lust und Laune. Entscheidend ist Heisenbergs Feststellung, dass »Welle oder Teilchen« davon abhängt, *ob das Licht beachtet respektive beobachtet wird.* Oder auch: Ob ihm jemand seine Aufmerksamkeit zuwendet. Denn Elektronen sind auch nur Menschen oder eben vice versa: Sie verändern ihr Wesen, wenn man sie beobachtet.

Also: Sogar Wissenschaftler wissen und haben längst bewiesen, dass durch Aufmerksamkeit Energie fließt – von dem, der aufmerksam ist, zu dem, dem die Aufmerksamkeit gilt. Erstaunlich ist eigentlich nur, dass so wenig Menschen wissen, was das für ihren Alltag bedeutet.

Immerhin: Du weißt es jetzt. Und ich hoffe, es hilft dir, mit deiner Energie hauszuhalten. Nichts spricht dagegen, sie bis zur Erschöpfung herzugeben. Aber du solltest wissen, warum du es tust. Am besten nämlich freiwillig.

Vom Starken zum Schwachen

Die Natur sucht immer nach ausgeglichenen Verhältnissen, nach Balance. Wenn's drinnen warm ist und draußen kalt und du das Fenster aufmachst … gut, das versteht sich von selbst, aber dieser Ausgleich gilt auch für zwischenmenschliche Beziehungen. Und das ist nicht immer schön. Denn solltest du die wärmere Luft sein, wird ein Temperaturausgleich nicht in deinem Interesse liegen.

Es gibt für Menschen zwei Möglichkeiten, sich einem stärkeren, schöneren oder klügeren Artgenossen anzupassen. Sie können versuchen, ihm nachzueifern, so weit es geht, was allerdings Energie kostet. Die weniger mühsame Variante funktioniert aber auch und wird aus ökonomischen Gründen von den meisten bevorzugt: Statt sich um eine Erhöhung des eigenen Niveaus zu bemühen, hole man den anderen auf das seine herunter.

Das ist durchaus nachvollziehbar, denn wir tun uns schwer damit, die Überlegenheit eines anderen zu akzeptieren. Überlegenheit ist potenzielle Macht, Macht auch über uns, deshalb ist es Selbstschutz, diese Überlegenheit zu nivellieren. Allerdings nie im Sinn des Überlegenen und selten im Sinn der Sache.

Solltest du in einer Konstellation überlegen sein, überlege dir also genau, wie weit du den oder die Unterlegenen dies spüren lässt. Gefahrlos ist das nie, brandgefährlich ist es gerade am Anfang jeder Beziehung, ob romantisch oder geschäftlich. Lass dich nicht täuschen. Es gibt zahllose Situationen, in denen dein Gegenüber dir vorgaukeln wird, deine Überlegenheit sei für ihn unkompliziert – aber wenn er das tut, dann immer, weil er sich einen Vorteil davon verspricht. Sei also gerade bei jenen Schwachen, die am breitesten grinsen, so wachsam wie nur möglich. Sie werden fast ausnahmslos versuchen, das Gleichgewicht, die Machtverhältnisse für sich selbst günstiger zu gestalten. Und werden dabei selten mit offenen Karten spielen.

Was auch du nicht tun solltest.

Mach dir klar, wie die Kräfteverhältnisse tatsächlich sind, mach dir klar, was deine → ZIELE sind, und überlege dir genau, wie großzügig du bist, wie viel Platz du dem anderen lässt, den von ihm gewünschten Druckausgleich herzustellen.

Es liegt allein bei dir, wie viel Macht du abgeben willst. Nicht bei ihm, dem Schwächeren. Sei gnädig, wenn du willst. Gib dem oder den Schwächeren das Gefühl, ebenbürtig zu sein, wenn du es für notwendig erachtest, um deine Ziele zu erreichen, oder gerade deine fünf großzügigen Minuten hast. Aber wundere dich am Ende nicht, wenn die Affen auf deinem Tisch tanzen.

Du bist im Warmen, auf der Fensterseite, auf der sich auch der Griff befindet. Du entscheidest, wie viel du abgibst. Wenn du also frierst, gib nicht anderen die Schuld und erst recht nicht dem Wetter.

Hauptdarsteller

Ohne Frage bist du der Star deines eigenen Lebens, denn dein Leben ist alles, was du hast, ist die einzige Story, die du erzählst. Und wenn wir ehrlich sind, sind alle anderen Personen in diesem Film nur Statisten. Selbst wenn du einen mit 30 Jahren heiratest und mit dem bis zum Ende deiner Tage zusammenbleibst und fast jeden Tag mit ihm verbringst (was nun wirklich hanebüchen viel wäre), hat er höchstens 20 % der Szenen in deinem Film, alle Tage *und* Nächte mitgezählt. Und du hast ALLE. Jede einzelne.

Du bist der Star. Mit Abstand.

Aber obwohl niemand bei klarem Verstand bestreiten wird, dass die Besetzungsverhältnisse in seinem Lebensfilm so oder noch klarer sind (und dass das auch vollkommen in Ordnung ist), vergessen wir dabei manchmal, dass all diese mehr oder weniger wichtigen Nebendarsteller (Lebenspartner, Freunde, Kinder, Eltern) nicht nur in unserem Film eine wichtige Rolle spielen (manchmal sogar die wichtigste Nebenrolle), sondern vor allem in ihrem *eigenen.*

Und dort sind wiederum sie die *Leading Characters.* Mit allen Szenen. Und mit einem ganz langen Arm, falls ihnen die Nebendarsteller in *ihrem* Film auf den Keks gehen. Leute wie du.

Diese Haltung bei einem Menschen zu akzeptieren, dem du (vorübergehend oder für lange) die Hauptnebenrolle in *deinem* Film verschafft hast, ist schon schwer genug. Aber es für die ganzen Knallchargen einzusehen, die deinen Weg bestenfalls kreuzen! Mann! Was fällt denen eigentlich ein! Sich derart aufzuführen, obwohl sie nur ein, zwei unbedeutende Szenen haben! Als Lover, Bäcker, Vater, Mutter, Arbeitgeber oder Jemand-der-den-Helden-anrempelt! Und dann benehmen die sich, als wären sie *selbst* der Star in diesem Film!

Unfassbar.

Aber dann doch vielleicht auch wieder nachvollziehbar. Da sie ja nur kurz in deinen Film geraten sind und eigentlich selbst die Hauptrolle spielen, in ihrem eigenen Film.

Nimm ihnen nicht übel, dass sie nach ihrem eigenen

Wohnwagen verlangen und ständig zu spät am Set erscheinen. Ist keine große Sache für sie, dieser Film. Ist ja nur deiner.

Arme Vögel

Ich weiß um dein großes Herz und um dein Mitgefühl für jede Kreatur, die da lebt und Geräusche macht. Deshalb wirst du meinen Rat empört zurückweisen, was den Umgang mit Vögeln betrifft, die aus dem Nest gefallen sind und sich den Flügel gebrochen haben. Du nämlich willst helfen und retten, und das ehrt dich. Sei nur bitte so gut zu dir selbst und versorge die von dir zur Rettung auserkorenen Vögel immer dort, wo du sie findest. Bau ihnen ein Dach aus Zweigen, bring ihnen täglich Wasser und Würmer, bastle ihnen eine Flügelschiene und verbring alle Zeit bei ihnen, die du erübrigen kannst. Du vollbringst ein gutes Werk.

Aber nimm *niemals* einen von diesen Krüppeln mit nach Hause. Lass *niemals* einen von denen bei dir einziehen und leben. Bestenfalls werden sie wieder so gesund, dass sie dir tagtäglich alles einsauen, aber sie gehen garantiert nie wieder weg. Und, glaub mir, das willst du nicht: einen Lebensgefährten, den du füttern und dem du alles hinterher räumen musst.

Nein, du sollst keinen Spaten in die Hand nehmen und sie erlösen, diese armen Spatzen, das verbietet sich unter uns Menschen. Nimm stattdessen einfach dein mitfühlendes Herz in die Hand und gleich danach die Beine.

Lieben & Verlieben

Die ähnliche Namensgebung ist irreführend, denn die beiden sind keineswegs verwandt, sondern Gegensätze. Liebe entsteht aus Reichtum, Verliebtheit aus Mangel. Daher gilt jenseits der spitzfindigen Feststellung, dass sogar komplett jesusmäßige Liebe uns selbst spiegelt, also ichbezogen ist: Liebe kennt kein Ego – Verliebtheit kennt nichts anderes; Lieben und Verlieben sind zwei Paar Schuhe – und wer die durcheinanderbringt, geht mit einem Sneaker links und einem Stiletto rechts aus dem Haus und hadert auf seinem ganzen Lebensweg mit durchgehend schief gepflasterten Gehwegen.

»Ich liebe dich« – das ist eigentlich ein Selbstgänger, denn wer da fragend die Stirn runzelt, den fragt man gern: »Welches Wort in dem Satz hast du nicht verstanden?«

Meist sind es alle drei. Der Sprecher müsste nämlich alle drei verstehen: Was meint er mit »Ich«, was mit »liebe« und was mit »dich«? Wer nicht weiß, wer er selbst ist, ist schon beim »Ich« verloren, und das »dich« setzte voraus, dass er dich wenigstens halb so gut kennt wie du dich selbst. Bliebe noch »liebe« – was versteht er darunter?

Solltest du derart nachfragend insistieren, kommt vermutlich heraus »Also, ich … ich bin halt ich, kennst mich doch, und du, du bist du, ich find dich toll, und Liebe, na ja, ich hab halt den ganzen Tag Sehnsucht nach dir und würd gern immer mit dir zusammen sein.«

Sollte dir das reichen, gute Reise. Oder gute Nacht. Andererseits sollst du aber auch nicht gleich die Finger von allem lassen, es macht ja Spaß, sich zu verbrennen, bis zu einem gewissen Grad. Der Rest ist dann → LIEBE A) oder → LIEBE B).

Nehmen wir uns das → VERLIEBEN kurz vorher zur Brust.

Verlieben

Verliebtsein fällt unter Geisteskrankheiten und ist ein absolut zuverlässiger Unterbrecherschalter für den Verstand. Dass es den gibt, ist schlau (von der → NATUR), aber gefährlich (für uns). Ohne Verliebtheit sähen wir nämlich die Zukunft klar und in dem Fall wären wir als Gattung längst ausgestorben.

Verliebtsein ist zwar nicht ansteckend, wohl aber überwältigend wie jeder stinknormale superfiese Virus, führt zu wahnhaften Fieberträumen und ungünstigenfalls zum Tode. Günstigstenfalls erkranken zwei Menschen gleichzeitig an Verliebtsein und werden voneinander besessen, womit sie dann für den Rest der Welt vorübergehend verloren und verreist sind, dabei aber unheimlich viel Spaß haben und vor Glück schier überschäumen. Darüber lassen sich großartige Lieder singen (die man allerdings nur erträgt, wenn man gerade selbst in irgendwen verliebt ist).

Noch bessere Lieder lassen sich indes über die artverwandte Krankheit singen, bei der nur *einer* geisteskrank ist und sich wahnhaft fiebernd in einen/eine Gesunde/n verliebt. Tabletten gibt es dagegen nicht. Wer Glück hat, wird irgendwann wieder gesund (oft über Nacht) und kommt anschließend wieder zu Kräften. Wer Pech hat, geht elend daran zugrunde, wahlweise psychisch, physisch oder komplett – schreibt aber mit etwas Glück (für uns) auf dem Weg die tollsten Lieder, Stücke, Filme und Gedichte.

Das Dumme an allen Arten der Verliebtheit ist, dass wir sie gern mit → Liebe (A oder B) verwechseln. Noch blöder ist, dass wir zu Beginn unserer Karriere als Verliebte gar nicht erkennen, dass unser Wunsch, uns zu verlieben, der Bekanntschaft mit dem Gegenstand unserer Liebe vorausgeht. Sprich: Du verliebst dich zwar *nie* in den Nächstbesten (dick, doof, fies und hässlich in Personalunion), aber du hast, bevor du den *einen* kennenlernst, immer unerfüllte Wünsche, die nach Erfüllung schreien. Woraus wir schlussfolgern dürfen: Sind wir wunschlos zufrieden, verlieben wir uns nicht. Niemals.

Liebe A (wahre)

Stell dir vor, du drückst jemandem dein ganzes Vermögen in die Hand und dazu deine Lieblingsschuhe; jemandem, der daraufhin total glücklich ist – und mit deinem Vermögen und den Schuhen abhaut, auf Nimmerwiedersehen. Und jetzt stell dir vor, du wärst darüber, obwohl du den anderen, dein Vermögen und deine Schuhe sehr, sehr mochtest, glücklich. Sofort, einen Tag später und immer. Auch wenn du nie wieder was von dem Typen hörst, außer vielleicht von anderen, dass es ihm prima geht. Das wäre dann wahre Liebe.

Treffen zwei solcher Menschen aufeinander, deren höchstes Glück das Glück des anderen ist, ergibt sich etwas denkbar Merkwürdiges. Die Energie, die in diese Beziehung investiert wird, geht nicht verloren, sondern erzeugt zusätzliche neue Energie, das Ganze schaukelt sich auf und entzieht sich allen physikalischen Regeln. Könnte man diese wahre Liebe in Flaschen füllen, hätten wir bis circa zum Ende aller Zeiten keine Energieprobleme mehr und könnten uns sogar die Windräder schenken. Und mit ein bisschen Glück bleiben die beiden Betreiber dieser Energiewunderanlage dann auch noch zusammen, mit den Schuhen und dem Vermögen des jeweils anderen im Schrank. In einem Himmel voller Geigen.

Liebe A ist rein und selbstlos, allerdings extrem selten. Sie findet nur – und zwar wirklich nur – dort statt, wo keinerlei Egoismus im Spiel ist, kein noch so geringes Eigeninteresse. Gelegentlich wirst du reine Menschenliebe antreffen, was schön ist: Leute, die für ihnen völlig unbekannte andere, vom Schicksal weniger Begünstigte, alles stehen und liegen lassen. Ansonsten gibt es wahre Liebe, im Idealfall, nur zwischen Eltern und Kindern.

Das heißt, dass du nur dann jemanden liebst, wenn du aus tiefer Überzeugung sagen kannst, dass dir wurscht ist, ob er dir jeden Tag auf die Schulter kotzt, dauernd mit anderen Leuten pennt oder dich von allem abhält, was du eigentlich wolltest – zum Beispiel Karriere machen oder nachts schlafen. Sofern dich daran irgendwas auch nur leise irritiert, liebst du nicht so ganz im Sinn von Liebe A. Was übrigens völlig in Ordnung ist.

Liebe B (für den Hausgebrauch)

Machen wir uns nichts vor. Wir sind und bleiben (bis zum etwaigen Verlassen der → Ich-Arena) Egoisten. Entweder schlaue Egoisten, die wissen, was sie wollen (und wer sie überhaupt sind), oder doofe Egoisten, die zwar auch etwas wollen, aber nicht wissen, wer dieses Ego überhaupt ist und was es wieso will. So oder so: Wir alle wollen uns gut fühlen oder sogar besser, unsere zwei einzigen Motive sind schlicht und heißen Vermeidung (von Unschönem) und Verlangen (nach Schönem). Und so wollen wir auch aus einer Beziehung, jeder Beziehung, irgendeinen Glücksgewinn ziehen. Treffen nun zwei von uns Egoisten aufeinander, deren Strickmuster sich ergänzen, führt das zu durchaus schönen und sogar romantischen Ergebnissen.

Gefährlich ist die einseitige Liebe frei nach dem Altenberg'schen Motto »Sie denkt nur an ihn und er denkt nur an sich«. Ist deine Liebe aber so rein wie oben beschrieben, kann dir auch dabei nichts passieren, denn du behältst die Fähigkeit zu lieben. Ein seltenes Talent. Und dieses Glück kann dir niemand nehmen.

Leider verwechseln die meisten Menschen Lieben mit *Geliebtwerdenwollen*. Lieben ist eine Kunst, Geliebtwerdenwollen ist keine, das kann jeder. Und will jeder. Du willst geliebt werden. Egal, wie viel Zuneigung du erfährst, nie wird deine Sehnsucht ganz gestillt (solange du nicht selbst deine wichtigste Romanze wirst → Heirate dich selbst). Sich selbst zu lieben (nicht zu vergöttern) ist Voraussetzung für ein erfülltes Leben. Denn nur, wenn du dich selbst liebst, mit deinen irren Macken (die du erst mal kennen musst), wirst du in der Lage sein, einen anderen zu erkennen und zu lieben, wie er ist – und nur so wird dieser andere eine Chance haben, *dich* zu lieben, nicht irgendwen, für den ihr beide dich haltet.

Unsere hier mit dem »B« versehene Liebe ist also fraglos irgendwie … unromantisch. Pragmatisch. Egoistisch.

Wobei erschwerend hinzukommt: Solange wir uns selbst nicht kennen, wählen wir immer den falschen Partner, weil wir unsere wahren Bedürfnisse nicht kennen.

Gestatte mir daher noch eine ganz unromantische Anmerkung für den Lebens- und Romanzenweg und die Suche nach einem passenden Partner: Schönheit, Klugheit, Humor, originelles Denken, Reichtum usf. sind schicke Zugaben für diesen Deal, aber der Mann, den du als Vater deiner → KINDER auswählst, sollte a) schon mal geliebt worden sein (am besten von seinen Eltern) und b) dringend Güte besitzen (wie seine Eltern). Alles andere ist zweitrangig. Wir sind nämlich nicht auf lebenslängliche Monogamie und die eine Beziehung fest programmiert (bestenfalls auf was ganz anderes, aber wir können ja unnatürlich sein → SEI UNNATÜRLICH). Es kann daher gut passieren, dass ihr zwei euch irgendwann trennt (die Wahrscheinlichkeit beträgt ca. 75%, aber natürlich drücke ich dir die Daumen, dass du zu den 25% gehörst). Und für jedes Danach, in der Auseinandersetzung um Couchtisch, Segeljacht oder Kinder, ist es einfach von überragender Bedeutung und lebensverlängernd, mit einem Menschen zu tun zu haben, der ebenso gütig und *nett* ist wie du. Andernfalls hast du nämlich wenig Spaß, hohe Rechnungen für Haarfärbemittel und vor allem Kummer, den du dir mit dem klaren Kriterium »Hauptsache: Güte« von vornherein ersparen kannst.

Heirate dich selbst

Na schön, du magst keine Vernunftehen. Na schön, die Braut ist nicht perfekt, es gibt bessere, schönere, klügere, sanftere, reichere. Irgendwo. Bestimmt. Aber die kriegst du nicht.

Du bist das Beste, was dir passieren kann.

Du sollst dir keine Komplimente machen und keine Geschenke. Du sollst dich nur lieben. Nicht dir irgendwas vormachen, dir irgendwelche Eigenschaften zuschreiben, die du gar nicht besitzt. Nicht dir irgendwelche Macken schöngucken, was dir bei jedem anderen problemlos gelingt.

Du kennst dich eigentlich zu gut, um täglich Tisch und Bett mit dir zu teilen.

Du wirst manchmal an dir fast verzweifeln. Es werden Teller fliegen. Aber ihr zwei, du und du, ihr werdet die Scherben aufsammeln, euch in die Arme fallen und euch versöhnen. Und ihr werdet euch nicht scheiden lassen, denn eine Verbindung, die im Himmel gemacht ist, kannst du nicht trennen.

Vergiss dabei nie: Neben einigen fragwürdigen und vielen schönen Eigenschaften hat deine Lebensgefährtin zwei unschätzbar großartige. Erstens bleibt sie dir ein Leben lang treu und zweitens kennt sie keine Eifersucht. Solange du wenigstens ab und zu mal nachts nach Hause kommst, erlaubt sie dir jede noch so blödsinnige Affäre.

Kinder

Quintessenz in zwei Wörtern? Okay: »Krieg' eins.« (Es könnte auch heißen »krieg' welche«, aber der Erkenntniszuwachs ist im Wiederholungsfall vergleichsweise gering.) Sofern du darauf nämlich aus »vernünftigen« Gründen verzichtest, ist es mit deiner Vernunft nicht weit her, und du beendest dein Leben kurz nach der Pubertät, sei es auch mit 85 Jahren.

Je gebildeter Menschen sind, desto weniger Kinder setzen sie in die Welt. Denn wer viel weiß, wägt gründlicher ab und sieht deutlicher als der Dumme, welche Konsequenzen sein Handeln haben wird. Da man nur Idioten weismachen kann, Kinder bereiteten durch ihr Tun und Treiben durchgehend nichts als Freude, ist die Konsequenz der Gebildeten nachvollziehbar. Kinder kosten viel Zeit. Kinder kosten viel Geld. Kinder machen Sorgen (und zwar solche, von deren Existenz man bis zur Geburt eben jener Kinder nicht den blassesten Dunst hatte). Dass sie gelegentlich süß sind und einem lustige Sachen basteln, wiegt da nicht allzu schwer, wenn wir ehrlich sind. Außerdem werden sie es nicht leicht haben, die Kinder, und das ist das finale Totschlagargument der Klügeren: Du bist im Grunde nicht nur doof, wenn du Kinder in die Welt setzt, sondern zudem bist *du* ein Egoist.

Letzteres stimmt, allerdings ganz anders, als die Neunmalklugen meinen. Nicht um der Kinder willen sollst du sie in die Welt setzen, sondern um deinetwillen. Aber nicht vordergründig um deinetwillen, also damit dich jemand im Heim besucht und sich deine langweiligen Geschichten aus grauer Vorzeit anhört, sondern um deinetwillen insofern, als im Kreißsaal nicht nur ein Kind neugeboren wird, sondern auch dessen Produzenten, neugeboren als Eltern. Erst (und nur) dank der Geburt deines Kindes verlässt du endgültig dein Elternhaus. Und diese Chance solltest du dir nicht entgehen lassen.

Was die Gebildeten vergessen haben, ist eine simple Wahrheit: → DAS EINE GLÜCK im Sinn eines erfüllten Lebens basiert ganz wesentlich darauf, im Hier und → JETZT einen Energiefluss um sich selbst herum zu schaffen, einen Fluss, der aber nicht im Hier und Jetzt entspringt und endet, sondern der aus der Vergangenheit in die Zukunft reicht. Glücklich wird daher nur, wer sich mit denen verbindet, die vor ihm waren, und mit denen, die nach ihm kommen. Und dies lässt sich nicht simulieren, indem man Geschichte studiert oder die Kinder von Freunden zu Weihnachten niedlich findet.

Im Augenblick, da du dein erstes Kind in den Armen hältst, wirst du diesen Energiefluss spüren – du wirst überrascht feststellen, dass du urplötzlich neben deiner eigenen sechsundzwanzigjährigen Mutter stehst, und zwar nicht als das Baby, das du damals warst, sondern hier und jetzt, als ebenfalls frische Mutter, im gleichen Alter, im gleichen Augenblick. Du wirst erst in diesem Moment spüren und begreifen, und das mit überwältigender Klarheit, wer deine Mutter eigentlich ist. Du dachtest, du hättest sie gekannt? Weil du sie am allerlängsten von allen Menschen kennst?

Du hast dich gründlich geirrt. Du hast bis hierher die meisten Menschen nicht gekannt.

Die Reise, die du an diesem Tag antrittst, ist randvoll mit unschätzbaren Erkenntnissen, die du auf keine andere Weise gewinnen kannst. Du wirst zu einer Neubewertung des Lebens an sich kommen und gelegentlich von einer

Ohnmacht in die nächste fallen, während du nicht nur deine Eltern ganz als Menschen erkennst, sondern auch dich – und viele deiner Urteile als halbgar, im Guten wie im Schlechten. Sofern du den Gewinn neuer Erkenntnisse als essenziell empfindest, wirst du einen Heidenspaß haben.

Die Quintessenz ist simpel und kurz: Wenn du ein ganzer Mensch werden willst, hast du keine Wahl – in dem Fall führt an eigenen Kindern kein Weg vorbei; der intellektuelle Weg zur Erkenntnis ist hier, so lästig es ist, nicht gangbar.

Ich will aber abschließend nicht verschweigen, dass es eine Ausnahme von der Regel gibt. Die Mozarts. Die hervorragenden Kindsköpfe, jene, die vom Himmel mit einem ganz besonderen Talent beschenkt sind und naturgemäß zwischen 20 und 50 Jahren auf dem Zenit ihres Schaffens. Diese KünstlerInnen, ForscherInnen, WeltverbessererInnen sollten durchaus, schon der Menschheit zuliebe, auf die wichtige Erfahrung des Kinderkriegens verzichten (sofern sie nicht gutes Personal oder einen Partner zu Hause sitzen haben, ob männlich oder weiblich, der sich zur Mutter berufen fühlt). Man kann nicht alles haben. Aber sei sicher, dass ich hier nicht von den normal hochbegabten Summa-cum-laude-StudentInnen rede, von denen es auf der Welt nur so wimmelt.

Megaphonbauen für Seelen

Ganz frische Kinder haben kein Ich. Das legen sie sich allerdings recht bald zu, denn wir sind – anders als Hunde, die ihr Leben lang ihr Spiegelbild interessiert begrüßen – als einzige

Gattung in der Lage, ein *Ich* überhaupt zu denken. Das hat einiges für sich, aber es ist vor allem gefährlich. Und es ist deine Aufgabe als Mutter (assistiert vom Vater), auf dem Schlachtfeld Ego vs. Seele, das jeder Mensch für sich selbst ist (→ DIE ICH-ARENA), für eine faire Ausgangssituation zu sorgen.

Kleine Menschen kapieren nach einem Lebensjahr oder etwas später, dass das da im Spiegel kein anderes Wesen ist, sondern ihr eigenes Abbild. Und dann sagen sie's sogar, etwas später, zum ersten Mal: »Ich.«

Das gilt als schön und erfreulich und für uns Ausgewachsene als Rechtfertigung, entzückt die Hände vor dem eigenen Gesicht zusammenzuklatschen, aber die meisten von uns, die erziehen sollen, deuten diesen Augenblick völlig falsch – und verhalten sich dementsprechend völlig unangemessen.

Vor dem Erwachen des »Ich« haben wir es mit einer Seele und einem Körper zu tun, die wir in Gestalt eines kleinen Menschen buchstäblich empfangen. Der Körper braucht Zeit zur Eingewöhnung und zum Aufbau allernötigster Funktionen in der neuen Umwelt, die Seele braucht Versicherung, weitgehend wortlose, dass sie willkommen ist. (Hat sie ihre letzte Existenz in Ruhe verlassen, darfst du dich auf entspannte Nächte freuen, andernfalls badest du die Übergangsschmerzen mit aus.)

Unsere Aufgabe besteht also im ersten Lebensjahr des Neuankömmlings ausschließlich darin, ihn vor körperlichem Unbill zu schützen sowie seine Seele zu beruhigen und ihr zu versichern, dass sie unseren Rückhalt hat, dass sie unter Freunden ist.

Mit dem Erwachen des »Ich« ändert sich unsere Aufgabe grundlegend. Denn was hier als »Persönlichkeit« erwacht, ist eben nicht die Seele, sondern ihr lebenslanger Kontrahent, das Ego. Die freie Entfaltung dieser Persönlichkeit haben wir daher zwar nicht zu unterbinden, wohl aber mit Argusaugen zu beobachten – und sie behutsam zu steuern. Denn das Ego will alles, was es kriegen kann. Es hat sich eben erst entdeckt, eben erst erfunden als »Ich«, und selbstredend will es jetzt wissen, was »Ich« alles darf und kann.

Welche Grenzen sollen wir ihm setzen? Wenn überhaupt? Ihm beibringen, dass seine Freiheit dort endet, wo die Freiheiten all der anderen Ichs beginnen? Das wohl sicher, aber vermutlich kriegt das Ich das früher oder später selbst heraus, notfalls mittels einer blutigen Nase. Dass nicht einmal diese Grenzziehung von den meisten Eltern vorgenommen wird, wollen wir an dieser Stelle unter den Tisch fallen lassen.

Problematischer, weil schwerer zu erkennen, sind die inneren Grenzen. Denn das Ich will nicht nur außen möglichst viel Platz, sondern auch innen. Dabei kommt es der Seele in die Quere, denn die Ziele des Ich sind mit denen der Seele oft nicht vereinbar. Deine Aufgabe besteht deshalb in den ersten Lebensjahren deines Kindes darin, dafür zu sorgen, dass es überhaupt ein Gehör für seine innere Stimme entwickeln kann, die Stimme der Seele. Versäumst du dies, hält dein Kind diese wesentliche Stimme lebenslang bestenfalls für ein Störgeräusch, einen Tinnitus, der das Ego nervt. Und übertönt wird die Stimme auf dem Weg ohnehin häufig genug, denn nicht nur das eigene Ego, auch das Leben an sich lärmt ohrenbetäubend.

Klingt nach einer Riesenaufgabe? Na ja. Na, komm! Du sollst ja nur wahlweise der Seelenstimme ein Megaphon zur Verfügung stellen oder dem Menschen, in dem sie wohnt, ein astreines Hörgerät. Dies oder jenes wird dann jahrelang ungenutzt in irgendeiner Ecke vor sich hin stauben wie ein Erste-Hilfe-Koffer, aber der Tag kommt, an dem der dringend gebraucht wird. Und an genau diesem Tag wird das Geschenk, das deinem Kind all die Jahre völlig nutzlos erschien, ihm das Leben retten.

SMART RESET
WELTVERBESSERER
INFINITE MATRIOSCHKA

SCHLAG & SCHICKSAL
SITZENBLEIBER
ICH-ARENA
SELBSTMITLEID
UNTERGANG

Sitzenbleiber

In Sachen Prüfungen ist das Leben verblüffend simpel gestrickt. Du erlebst nämlich immer wieder dieselben und du hast immer wieder die gleiche Chance, zu bestehen und in die nächste Klasse versetzt zu werden. Du kannst allerdings genauso gut immer wieder sitzen bleiben.

Du hast das Glück, schon in der sechsten zu sein, im übertragenen Sinn. Dank deiner Herkunft, dank deines Geburtsortes, dank deiner Ausbildung, dank der Liebe deiner Eltern, dank deiner Gesundheit und der Dinge, die du aus dem Kosmos mitgebracht hast. Nun liegt es bei dir, die nächsten Klassen zu schaffen. Schaffst du alle, wirst du glücklich. Oder kommst ins Nirwana. (Die Buddhisten würden hinzufügen: Und darfst dort bleiben, also auf die nächste Erdenrunde verzichten; aber das lassen wir an dieser Stelle mal unter die Bank fallen.)

Es ist allerdings verblüffend, wie blöd sich mancher bei diesen Prüfungen anstellt. Der wird dann zum Beispiel beim ersten Mal gefragt, »Wie viel ist 3 x 3?«, sagt »8« und fällt durch. Das kann passieren. Unser Prüfling wiederholt also sein Schuljahr, macht alles noch mal, und kommt wieder an den gleichen Punkt, zur gleichen Prüfung, und wird wieder gefragt: »Wie viel ist 3 x 3?« Worauf unser Prüfling sagt: »8.«

Das ist dann schon ein bisschen behämmert, aber der erneut Durchgefallene schlägt sich nicht etwa vor den Schädel und sagt »Aaargh! Ich Idiot!«, sondern zeigt sich uneinsichtig und sagt, sowohl der Vorjahreslehrer als auch dieser habe a) keine Ahnung und b) etwas gegen ihn persönlich. Er, der

Durchgefallene, wisse nämlich, »3 x 3 = 8«, und wer etwas anderes behaupte, sei ein Lügner. Weil …

An dieser Stelle folgen dann allerlei Erklärungen, die für den Durchgefallenen absolut logisch klingen und für jeden seiner Zuhörer wie »Von wegen, auf der A7 befindet sich *ein* Geisterfahrer – da sind Tausende!«.

Du wirst überrascht sein, wie viele Prüflinge es schaffen, zehn- oder hundertmal durch diese eine Prüfung zu rasseln, ehe sie einsehen: »3 x 3 = 9«, das auch aussprechen – und in die nächste Klasse dürfen. Die dann gegebenenfalls auch schon die letzte ist, da die Prüflinge inzwischen bereits im Rentenalter sind. Viele werden aber auch nie versetzt und hängen noch mit 90 in der sechsten, was ziemlich anstrengend ist – für sie und für jeden, der sich ihre Erklärungen zum neunzigsten Mal anhören muss.

Im Leben sagen diese Prüflinge natürlich nicht trotzig »8«, sondern Dinge wie »Ich bin *nicht* krankhaft eifersüchtig!«, »Er hat zwar den gleichen IQ wie mein letzter, aber diesmal bieg ich mir den hin!«, »Jedesmal komm ich in die Mobbingzentrale der Welt – und die haben nur auf mich gewartet!«, »Jetzt hassen mich schon wieder alle wegen meiner Ehrlichkeit!«.

(Platz für Notizen bzw. einen eigenen Satz, hoffentlich längst abgelegt:)

Solltest du dich in solchen Situationen wiederfinden – mit solchen Sätzen aus deinem eigenen Mund – denk zumindest kurz drüber nach, ob die Antwort nicht doch »9« lauten könnte.

Schlag und Schicksal

»Schicksalsschlag« klingt immer nach einem sehr persönlichen Angriff. Dabei schlägt das Schicksal rund um die Uhr, aber meistens daneben. Beziehungsweise nicht dir, sondern anderen ins Leben.

Trifft es einen selbst dann doch, und zwar voll, ist das natürlich ärgerlich, aber nicht ungerecht oder unbegreiflich. »Warum ich?« ist die völlig falsche Frage, die Gegenfrage darf lauten »Warum nicht?«, wahlweise »Warum erst jetzt?«.

Da *jeder* von uns irgendwann mehr oder minder granatenartig getroffen wird und irgendwas Wichtiges verliert (z. B. seinen Job, sein Geld, sein Herz, geliebte Menschen oder geliebte Körperteile), hilft es tatsächlich, sich auf dem unversehrten Weg allabendlich wenigstens sekundenlang klar zu machen, was heute wieder alles *nicht* schiefgegangen ist. Es ist wieder keiner deiner Vorderreifen auf der Autobahn geplatzt, es hat sich wieder kein Organ endgültig aufgehängt, und der faustgroße Komet, auf dem dein Name stand, ist schon wieder in den Acker 40 Meter weiter links gekracht. Unwahrscheinlich, aber wahr. Und unwahrscheinlich schön.

Diese kleine, nicht sonderlich aufwendige Übung verhilft nicht nur zu einem Lächeln beim Einschlafen, sondern auch *nach* dem unvermeidlichen Schicksalsschlag zu größerer Gelassenheit. Du wirst dich wundern, wie gründlich dich nach diesem Moment die Erinnerung an deine eigene zurückliegende Dankbarkeit einholt: Du wirst wissen, dass du ein ausgesprochen glückliches Leben hattest. (Und, nein, ich sage nicht, dass jenes dann ein für alle mal vorbei ist. Dass die Hoffnung zuletzt stirbt, steht auf einem anderen Blatt, aber das ist so oft kopiert worden, dass wir es uns hier als selbstverständlich ersparen.)

Entscheidend ist: Fang nicht erst *nach* dem Schicksalsschlag an, dich an dein glückliches Leben zu erinnern. Das wäre bloß ein Rezept für alles vernichtende Bitterkeit, und die brauchst du – gerade danach – so dringend wie ein Loch im Kopf. Vergegenwärtige dir täglich: Tot, krank, kaputt, hungrig und unglücklich, das ist der Normalzustand. Alles andere ist → GLÜCK oder nah dran. Genieß es. Und zehre dankbar von der Erinnerung daran und der Hoffnung auf neues, wenn es dich vorübergehend verlässt.

Selbstmitleid für Anfänger

Als ich irgendwann mal wieder meine fünf jammerigen Minuten hatte (»Die sind doch alle doof, ich bin pleite, kann meine Kinder nicht sehen und nu hab ich auch noch MS, ist doch scheiße, so was!«), haute mir mein alter Freund Lou mit den Worten auf die Schulter: »Nu hör ma auf. Wenn die Welt ein Dorf mit 100 Einwohnern wär, wärst du der einzige mit ner Dusche.«

Auch wenn solche Bemerkungen einen im Moment des Herumjammerns nicht umgehend zu schallendem Lachen animieren, sondern eher zur einer schallenden Backpfeife, beruhigt man sich andererseits auch wieder, und da kommt einem dann eine nachhallende Eselsbrücke wie die unten gebaute durchaus zupass. Solltest du also gerade nur ein bisschen selbstmitleiden und nicht allzu sehr, schau dir dein Umfeld, von poetischen Statistikern schon so oft von 7 Milliarden auf Dorfgröße heruntergerechnet, noch mal etwas genauer an.

Du bist eine der 51 Frauen in dem 100-Einwohner-Dorf – eine der insgesamt nur 5 Europäerinnen. Du gehörst zu den

12 Einwohnern des Dorfes, die 2/3 aller im Dorf verfügbaren Güter und Ressourcen konsumieren und 2/3 der insgesamt verfügbaren Energie verbrauchen – zum Beispiel beim Duschen. 80 deiner Mitbewohner sind arm und unterhalten sich darüber in Sprachen, die du nicht verstehst. 75 der 100 Dorfbewohner sind Asiaten oder Afrikaner, die meisten haben nicht genug zu essen und zu trinken.

Entscheidend sind die Besitzverhältnisse, an denen Dinge wie Gesundheit, Mittagessen und warme Füße im Winter hängen; entscheidend gerade dann, wenn du mal das Gefühl hast, andere hätten so viel mehr als du.

45% des gesamten Dorfbesitzes gehören einem einzigen Mann. Weitere 35% des Dorfbesitzes gehören den nächsten 9. 10 der Bewohner besitzen also 80%. 40 weitere teilen sich die nächsten 15%, die verbleibenden 50 deiner Mitbewohner teilen sich das verbleibende 1%. Zu den 10 ganz Reichen gehörst du vielleicht nicht, andernfalls wirst du immerhin zu den 40 anderen gehören, die den Rest des Dorfbesitzes unter sich aufteilen. Inklusive der Duschen.

Und wenn du dir nun klarmachst, dass von den nur 10 Männern und Frauen, die in einer so unerhört komfortablen Situation sind, 9 nie geliebt wurden oder werden, 5 ein Drogenproblem haben, 8 einen IQ unter Zimmertemperatur und 9 keinen kompetenten Klempner kennen ... könnte es zwar sein, dass du immer noch nicht der glücklichste Mensch der Erde bist, aber andererseits wollen wir auch nicht ausschließen, dass die Erinnerung an diese nackten Sachverhalte dir gelegentlich den Weg Richtung Jammertal verstellt.

Und auf diesem Weg, da sei uns beiden jedes Mittel recht.

Die Ich-Arena

Solltest du je das Gefühl haben, dass in dir ein kräftezehrender, zermürbender Kampf stattfindet, wirf einen Blick auf den Boxring, in dem Ego (blaue Ecke) und Seele (rote Ecke) sich prügeln. Vermutlich sind beide schon ziemlich platt, wobei du bemerken wirst, dass die Seele sich nicht sonderlich viel aus der blutenden Nase macht und grinst, was Ego zur Weißglut treibt. Es könnte aber auch sein, dass Ego gerade einen Heidenspaß am Zuhauen hat und deine Seele nur noch die Arme hängen lässt, ihre Zähne der Reihe nach verliert und sogar das Lächeln eingestellt hat.

Dieser Kampf wogt Zeit deines Lebens und ist permanent in der 15ten Runde, aber wenn er gelegentlich außer Kontrolle gerät, solltest du einschreiten. Begib dich in diesen Notfällen als Ringrichter zwischen die Kontrahenten und manipuliere den Stand des Kampfes nach deinen Vorstellungen. Bedenke dabei, dass Ego immer wach und alert ist, nie innehält und ein Hufeisen im rechten Handschuh trägt, während Seele zwar unheimlich viel einstecken kann und keine Angst vor nichts und niemandem hat, nicht mal dem → Tod, aber eben manchmal vor lauter Blut im Gesicht nicht mehr richtig lachen kann. Sollte es derart um die Kämpferin aus der roten Ecke bestellt sein, rate ich dir, Ego mehrfach zu verwarnen (ignoriere seine wütenden Proteste) oder den Kampf ganz zu unterbrechen und den roten Betreuern zu erlauben, Seele in der Ringecke Lippe und Augenbrauen wieder anzutackern.

Beenden ließe sich der zermürbende Kampf indes nur mittels einer lebenslänglichen Disqualifikation des Ego. Wem das gelingt, der wird beneidenswert gelassen und mild oder obendrein Zen-Buddhist, aber ob du dich dazu durchringen kannst, ahne ich nun beim besten Willen nicht.

So rate ich dir lediglich, ab und zu einen Blick in die Gesichter der Kontrahenten zu werfen. Nichts spricht gegen einen anständigen Kampf auf Messers Schneide, aber wenn die Dinge sich zu sehr in Richtung K. o. durch Ego verschieben, verlierst du vorzeitig alles, inklusive Publikum, Ring und – Ego.

Drum: Selbst wenn du dich (verständlicherweise) nicht entscheiden kannst, Ego aus dem Ring zu schicken und fortan nur noch deine Seele Lieder singen und Hafíz-Gedichte vortragen zu lassen – achte ein bisschen drauf, dass deine Seele nicht zu Brei geschlagen wird. Denn auch wenn die immer wieder aufsteht, anderswo – der Veranstaltungsort ist alles andere als unsterblich.

Weltver~~Änderer~~besserer

Wer von sich sagt, er wolle die Welt verändern, sagt gar nichts, denn jeder von uns verändert permanent die Welt, sei es durch Handeln, sei es durch Zaudern. Unser Handeln oder Nichthandeln (→ Handeln und entscheiden) hat nicht nur manchmal, sondern *immer* Konsequenzen für das Leben Tausender, die nah oder fern neben uns leben oder nach uns kommen, und dieses Wissen bestimme dein Tun und Lassen von morgens bis abends.

Handelst du entlang brauchbarer Ideale im Wissen, dass wir Menschen Teil der Natur sind und alle miteinander verwandt und verwoben, veränderst du die Welt nicht nur, sondern machst sie besser. Nun also doch, so kurz vor Schluss, ein Merksatz, weitergereicht aus grauer Vorzeit bzw. dem Mund deiner Großmutter: »Verlasse jeden Raum, den du betreten hast, in besserem Zustand, als du ihn vorgefunden.« Das ist eine simple Leitlinie. Hielten sich alle daran, sähen nicht nur Damentoiletten besser aus, sondern wäre die ganze Welt ein schöner Ort.

Der maßgebliche Philosoph Farin Urlaub singt ganz vortrefflich: »Es ist nicht deine Schuld, dass die Welt ist, wie sie ist. Es wär nur deine Schuld, wenn sie so bleibt.« Zur Zufriedenheit wirst du daher nur Anlass haben, wenn du allabendlich mit dem Gefühl umsinkst, die Welt verbessert oder dies wenigstens nach Kräften versucht zu haben. Ruh dich gelegentlich aus und genieß die schönen Augenblicke, die das Leben dir schenkt. Aber glaub nie, es wäre gut. Und solltest du vorübergehend verzweifelt und sicher sein, die Welt eben nicht verbessern zu können, mach dich dümmer, als du es bist – und rede dir ein, du könntest es. Weil es morgen wieder stimmen wird.

Nichts wäre schlimmer als dein Eingeständnis am letzten Tag, die Welt nicht besser gemacht zu haben. Denn wer dieses Fazit ziehen muss, der hätte wahrhaftig ganz umsonst gelebt.

Smart Reset

Skeptische Ältere (mit zehn bis 50 Jahren mehr auf dem Buckel als du) werden dir und deiner Generation gelegentlich bitter vorhalten, ihr wärt abhängig von euren Rechnern, Maschinen und Netzen. Das stimmt zwar, aber der Vorwurf gehört sich trotzdem nicht, denn die Maschinenintelligenz, die euch umgibt, ist grundsätzlich positiv und hat alles Potenzial, die Welt nachhaltig zu verbessern – und das alltägliche Leben erst recht, vom Einkauf bis zum Arbeitsplatz bis in den Operationssaal. Solange du also den Wert von Dingen kennst und nicht nur deren Preis, solange du Information von Wissen unterscheiden kannst und Unterhaltung vom Wesentlichen, kann dir nichts passieren.

Natürlich wirst du – von Menschen, Maschinen und Mischformen – *gedrängt* werden, dein Tempo und deine Lebensgestaltung dem zunehmenden Tempo der Maschinen anzupassen, aber du wirst nicht *gezwungen* (nicht einmal dann, wenn 95% deiner Mitmenschen bei Facebook sind). Vergiss nicht, dass du jederzeit frei bist (→ J. C., → SEI UNNATÜRLICH), deinem eigenen Weg zu folgen, dein eigenes Tempo zu gehen, für deine eigenen Werte und Ideale zu leben. Natürlich hat das seinen Preis. Anderswo wird man dafür gefoltert und erschossen – du hingegen kommst nach Lage der Dinge ungeschoren davon. Schlimmstenfalls entgeht dir eine Karriere, die mit dir und deinen Überzeugungen nicht vereinbar ist. Aber du wirst, ganz gleich in welcher Zeit, immer Gleichgesinnte finden. Gleichgesinnte Menschen, nicht Maschinen.

Es empfiehlt sich indes, regelmäßige »Resets« deines eigenen Systems vorzunehmen, indem du *alle* Maschinen temporär für 5 bis 7 Tage ausschaltest und damit das temporeiche Grundrauschen. Du wirst bei jedem dieser Resets fiese Entzugserscheinungen haben, in den ersten Tagen, wirst die restlichen Tage erleichtert durchatmen und beim Wiederanschalten der Maschinen feststellen, dass du nichts Weltbewegendes verpasst hast.

Schlimmstenfalls hat man dich gefeuert. Aber sollte das passiert sein, war's eh nicht der richtige Job (→ DAS ¾ LEBEN).

Untergang

Steh doch bitte gelegentlich mal ganz früh auf, ohne gleich in Bus oder Bahn zu springen, begib dich an einen ausreichend hoch gelegenen Ort, schau ostwärts und warte auf den Sonnenaufgang. Du siehst: Alles wird immer wieder neu, und ob es nichts Neues unter der Sonne gibt, wie Goethe meinte, oder doch alles immer wieder ganz frisch und originell und anders ist, liegt weiterhin, wie alles, im Auge des Betrachters.

Seit einer Million Jahren ist die Gehirnentwicklung des Homo sapiens abgeschlossen, dennoch haben wir uns erst im Lauf der letzten paar hundert Jahre explosionsartig vermehrt und rasend schnell das iPad erfunden. Bei fairer Betrachtung der Sachlage müssten wir wohl einräumen, dass weit vor uns verstorbene Generationen eigentlich doch schon wesentlich weiter gewesen sein müssten als wir. Weit hinaus über das Verheizen von Kohle und Öl, mit Bauten, Technik und Speicherkarten, die sich binnen einiger Jahrhunderte wieder spurlos in die Natur zurück integrieren. Aber sobald wir diesen Gedanken zulassen, fühlen sich die meisten von uns natürlich noch kleiner als unsere Vorfahren damals, als Kopernikus den Kosmos über unseren Köpfen zurechtrückte (indem er entgegen jedem Augenschein darauf bestand, die Sonne bewege sich nicht, dafür aber die Erde).

Rom ist untergegangen, und obwohl das noch nicht lange her ist, haben wir das Imperium schon fast vergessen. Die Bibliothek von Alexandria verloren und mit ihr fast alles Wissen über die lächerlichen paar tausend Jahre vor Christus. Was den relevanten Rest der Zeit betrifft, also die etwa 995 000 Jahre, die unsere Vorfahren mit ähnlichen Gehirnen wie unseren (aber angeblich ohne iPad) auf diesem Planeten verbrachten, wissen wir – nichts. Wir entnehmen allerdings den Mythen von allen Ufern der größeren Gewässer (vergleiche bei Bedarf die Edda, das Popul Vuh, die Offenbarung und diverse andere), dass die Untergänge dramatisch waren und Kulturen vernichteten, die unserer um einiges voraus waren. Was bedauerlich ist, aber auch zukünftig unvermeidlich bleibt, denn wir sind, wenngleich zahlreich, kosmische Flöhe. Schüttelt sich die Erde, zerfallen unsere Städte zu Staub, und wirft der Kosmos mit Kieselsteinen, bleibt von den Flöhen nicht mal eine Erinnerung.

Gleich wie: Da jedes Atom in dir bereits Teil diverser Sterne war und erst recht Teil von unzähligen Lebewesen, Mozart eingeschlossen, kann nichts von dir »sterben« (allenfalls kann es richtig Pech haben und in einem AKW brutal umgestaltet werden, aber totzukriegen ist es trotzdem nicht). Wir alle sind – immer – Reinkarnationen. Im Detail.

Was uns das nützt? Alltäglich: nichts. Für's Gemüt: hoffentlich viel. Du bist, betrachtest du dich vom richtigen Ort aus, ewig, du bist aufgehoben, und du hast derzeit großes Glück. Denn was uns derzeit unterscheidet von allem anderen, das uns umgibt, ist die Freiheit, uns Dinge vorzustellen (uns selbst inbegriffen) sowie dank dieser über jedes → JETZT hinausweisenden Fähigkeit, größer zu sein als die Natur (→ SEI UNATÜRLICH) und uns für etwas zu entscheiden, was sogar über unser Ich hinausweist.

Alles andere können sogar Bäume. Oder die Lilien auf dem Felde.

Aber uns frei entscheiden zu lieben, das können nur wir.

Infinite Matrioschka (als Ruhekissen)

Betrachte dich selbst. In einer deiner Rollen. Zum Beispiel in deiner Rolle als Mensch. Als Frau. Als Freundin. Als Mutter. Als Singer/Songwriterin, Schauspielerin, Greenpeace-Aktivistin. Als was auch immer. Wir alle sind – abhängig von unserer Sensibilität und unserer Ehrlichkeit uns selbst gegenüber – mehr oder weniger gut in der Lage, diesen Standpunkt des Beobachters unserer Selbst einzunehmen. Und dieses Selbst zu beschreiben.

Die Frage lautet nun: Welches Selbst beurteilt das Verhalten beispielsweise der Singer/Songwriterin (nennen wir sie Lisa)? Die Frau Lisa? Gut. Und wer beurteilt das Verhalten der Mutter Lisa? Der Mensch Lisa. Gut. Und das des Menschen Lisa? Die Analytikerin Lisa. Auch gut. Alles in deinem Leben, jede Rolle, jede Facette, kannst du quasi von außen betrachten.

Betrachte jetzt: die Analytikerin.

Die Außenbetrachterin.

Sie und ihr Urteil über den Menschen Lisa. Damit hast du eine neue Position eingenommen, nämlich wieder die einer Außenbetrachterin. Nennen wir sie die Meta-Analytikerin.

Und nun betrachte diese.

Kürzen wir hier ab: Es gibt immer wieder eine neue Matrioschka, eine weitere Puppe zum Drüberstülpen über die Puppe, eine nächste Betrachterin. Allerdings *immer* eine weitere, die sich deiner Betrachtung erfolgreich entzieht. Denn nimmst du eine neue Position außerhalb von dir ein, wirst du immer wieder zu einer neuen Betrachterin.

Probier's.

Du kommst nicht ans Ziel: Die letzte, die dich betrachtet, kriegst du nicht zu fassen. Aber dass sie existiert, daran besteht kein Zweifel, denn sie betrachtet dich ja. Du kannst sogar formulieren, was sie sieht.

Und du tust das wieder – als nächste Beobachterin.

Wieso das ein Ruhekissen sein soll?

Na ja … nur für den Fall, dass du irgendwann nicht nur dein temporäres Ich, sondern *alles* für endlich und vergänglich hältst: Dieses Bewusstsein *ist*. Fraglos, wie du gerade im Experiment festgestellt hast.

Und ebenso fraglos wirst du es nie zu fassen kriegen.

Nennen wir es nicht Gott, denn der Begriff ist von zu vielen in absurder Weise verwendet worden; mir gefällt *Spirit*. Aber wie wir es nennen, ist völlig egal; solange wir wissen, was wir meinen. Und beruhigt wissen.

Dank

Dank

Mein größter Dank gilt Lisa, Emma und Katharina, für ein ganzes Universum von exklusiven Gefühlen, Erkenntnissen und Einsichten. All das hätte ich nie gesehen, erlebt, erfahren, wärt ihr nicht so freundlich gewesen, ausgerechnet mich als euren temporären Wegweiser auf diesem Planeten zu wählen (und, versprochen, E & K, auch ihr erhaltet 2018 resp. 2020 ein einmalig selbstgebundenes und exklusiv bevorwortetes »Update«).

Ich danke Katia, die mich als beste Freundin in Liebe begleitet; Jens, der ein wunderbarer, tapferer Wahrheitsbruder ist; Hinni und Hans-H., deren diametral entgegengesetzte Energiefelder mir manchen Weg gewiesen haben; Tanja, Melanie, Lutz D., Steffanie K., Clara, Janina, Lou und Niko für aufmunternde Worte, Lutz K. und Herrn Kölling für lautes Stirnrunzeln und die vielen hilfreichen Anmerkungen am Rand; Stefan für die famose Übersetzung ins Netz (www.quintessenzen.net), Heiko für Design und Gestalten, Uli für alles vom ersten »Kant« vor 25 Jahren bis hierher. Sowie, ganz besonders, Andrea: für das wunderbare Lektorat und dafür, dass es dies überhaupt als gebundenes Buch für mehr als drei Leserinnen gibt.

Das Farin-Urlaub-Zitat auf Seite 144 stammt aus dem Song *Deine Schuld* (*Die Ärzte/Geräusch*, Hot Action Records 2003), Sun Tsu (S. 101) habe ich frei nach *Die Kunst des Krieges* zitiert (z. B. Nikol 2008, WBG 2011, Taschen 2007), Kalidasas *Gib Acht auf diesen Tag* (S. 56) ist zitiert nach jener Übersetzung, die ein mitfühlender Freund mir 2007 per

Mail schickte, ohne dabei Quelle und/oder Übersetzer zu kennen oder gar mitzuliefern. Soweit von mir nachvollziehbar, zitierte der Gute nach Henning von der Osten: *Über die Welt und über Gott. Zeitgemäße Antworten auf 11 Grundfragen des Lebens* (J. Kamphausen, 1997, 2. Aufl.). Die »amtliche« Übersetzung findet sich im Netz als *Gruß an die Morgenröte,* auch diese leider ohne Nennung von Verlagen und Übersetzer/n. Der Vergleich mit den *100 Menschen, von denen nur einer eine Dusche besitzt* (S. 140), findet sich sinngemäß wohl an sehr vielen Orten und in vielen Schriften. Mir brachte mein alter Freund Lou den Gedanken in verkürzter Form erstmals 2005 nah, mein ebenfalls alter Freund Mathias (Bröckers) bemühte ihn in anderer Form in seinem schönen kleinen Buch *Cogito ergo bum* (2007, Westend Verlag), während nach Ansicht anderer Kenner des Vergleichs Urheber die Autoren des Buches *Unser kleines Dorf* sind (Josef Nußbaumer, Andreas Exenberger, Walter J. Mayr, Markus Mayr und Stefan Neuner, IMT Verlag 2010). Wer die einzig wahre Quelle kennt, möge den Autor informieren und so klüger machen. Dieser Eintrag wird dann in allen zukünftigen Auflagen der *Quintessenzen* korrigiert.

Persönlich überwiegend unbekannterweise danke ich *last, but not least* (für all ihre unschätzbar wertvollen und gütigerweise via Zeit, Raum und fünftes Element mit mir geteilten Erkenntnisse, Inspirationen, Gedanken, Gedankenanstöße und möglicherweise einen ganzen Sack weiterer unwissentlich von mir in mein Denken, Fühlen und Schreiben integrierter treffender Formulierungen: Lao-Tse, Hafiz, Seneca, Epikur, Georg Christoph Lichtenberg, Montaigne, Egon Friedell, Blaise Pascal, Peter Altenberg, Ralph Waldo Emerson, Bertrand Russell, George Bernhard Shaw, Erich Kästner, Mark Twain, Sogyal Rinpoche, Buckminster Fuller,

Ernst Peter Fischer, Leon Lederman, Ray Kurzweil, Kevin Kelly, Michael Pollan, Jonathan Foer, Jan Moewes, Mathias Bröckers, Fritz Popp, Rupert Sheldrake, Daniel Gilbert, Bill Bryson, Luc Ferry, Gordon Livingstone, Thom Hartmann, Donald Walsh, George Jelinek, Bernie Siegel, Caroline Myss und Jack Johnson. Ich bitte um Nachsicht, dass diese Liste garantiert komplett unvollständig ist.

Licht auf allen Wegen wünscht euch (und Ihnen)
Sven Böttcher, Rosengarten, Wintersonnenwende 2012

Register